Liebe in Stücken

Leichte Kochrezepte von

Paul Riedel

Bibliografische Information der Deutschen Nationalbibliothek: Die Deutsche Nationalbibliothek verzeichnet diese Publikation in der Deutschen Nationalbibliografie; detaillierte bibliografische Daten sind im Internet über dnb.dnb.de abrufbar.

© 2018 Paul Riedel

Herstellung und Verlag

BoD – Books on Demand, Norderstedt

Paul Riedel

Geboren am 27. Mai 1960 in der brasilianischen Stadt Sao Paulo als Paulo Sergio Riedel, nutzt er als Künstlernamen den Namen seines Urgroßvaters.

Seit 1972, als er an seine erste Ausstellung in der Stadt Peruibe teilnahm sind seine Aktivitäten in der Künstlerszene zahlreich wie vielfältig auch.

Über eine Karriere als Maler, Fotograf, Singer oder Tänzer hinaus, stand vor ihm den Wunsch seine Leistungen in alle Kunstrichtungen zu erfahren.

Heute lebt Paul Riedel in seine zweite Heimat München.

An meine Leser

Liebe Leserinnen, liebe Leser,

Kochbücher gibt es mittlerweile viele, aber was den meisten Lesern fehlt, ist die Lust, Gemüse zu zerkleinern, Eier zu schlagen, die Küche zu putzen und das Gekochte nach dem Essen aufzubewahren.

Mit Zutaten rumzuwerfen, wie es in den Fernsehshows derzeit gang und gäbe ist, kommt mir vor wie ein Rückwärtssalto in der Zeitmaschine und ist kein Fortschritt. Kochen sollte uns vom Alltag entspannen, Freude an der Gesellschaft mit Freunden und Kollegen empfinden lassen und keinen Platz für Kritikaster oder gar Streiterei bieten und damit ein Zusatzstressfaktor in unserem Leben werden.

Ich habe meine Rezepte unter der Perspektive kreiert, dass man die Küche kaum schmutzig macht und die Anzahl der Zutaten übersichtlich hält. Das Wichtigste aber ist: Sie sollen helfen, die Liebe zum Leben mit seinen Gästen zu teilen.

Ich hoffe, meine Entspannungstipps und meine Bilder (in der Druckausgabe) werden dem Leser zusätzlich Freude bereiten. Die Druckausgabe ist gleichzeitig mein Katalog zu der Ausstellung „Liebe in Stücken", die in München im Jahr 2009 vorgestellt wurde.

Die Rezepte in diesem Büchlein sind für einfache Empfänge und kleine Partys bestens geeignet. Ich habe noch zwei einfache Speisen für ein schnell zubereitetes Date-Essen eingefügt und hoffe, dass Sie mit dieser Ergänzung zu Ihren Kochkünsten viel Erfolg erzielen.

Ihre Fragen und Anregungen beantworte ich gerne in meinem Web-Blog http://www.pauls-kochstube.de .

Ich wünsche Ihnen viel Spaß beim Kochen und beim Empfang Ihrer Gäste.

Ich habe in diesem Büchlein an Tipps und nützlichen Hinweisen nicht gespart. Ob Sie eine erfahrene Hausfrau oder Hausmann oder ein Novize im Gaumenparadies sind – ich hoffe, dass für alle etwas dabei ist!

Inhaltsverzeichnis

.

Meine Motivation

Meine Motivation war am Anfang lediglich, einen Kunstkatalog zu kreieren, jedoch bereitete es mir mehr und mehr Spaß, an Rezepten und der neuen Kombination von Literatur und Bildkunst zu arbeiten. Am Ende war dieses Buch dann ein Ergebnis aus viel Spaß, den wir miteinander hatten, und viel Freude, die wir miteinander teilten.

Zu den Maßen

Viele werden es ungewöhnlich finden, mit Gläsern als Maßeinheit zu kochen, daher gebe ich den Tipp, einfach umzurechnen:

Ein Glas oder eine Tasse entspricht ungefähr 225 g oder 150 ml.

Ich persönlich finde es so praktischer, als einem Chemiker gleich mit einem Messbecher zu arbeiten. Aber natürlich gilt: „Jedem das Seine!", kochen Sie, wie es Ihnen am besten gefällt.

Zu den Zutaten

Ich habe mich an gewöhnlichen Zutaten orientiert, die wir auf dem Markt finden, und Sie werden garantiert problemlos alles nachkochen können. Die Zutaten sind in der Reihenfolge angeordnet, wie sie beim Kochen gebraucht werden.

Zum Schluss

Kochen ist wie eine Symphonie, alles muss geordnet

ablaufen und Sauberkeit ist ein Muss. Daher lesen Sie meine *Tipps und machen Sie das Beste daraus und genießen Sie die Freude, die Ihre Gäste beim Betrachten und Kosten Ihrer Arbeit ausstrahlen.*

Vorwort

Ich wurde in Sao Paulo geboren und stamme aus einer Künstlerfamilie, die sich mit viel Liebe der gepflegten Küche widmet, und einige der Rezepte werden immer noch von Generation zu Generation weitergegeben.

Den Einfluss der Italiener verdanke ich meiner Mutter und mein Vater und seine Familie trugen hanseatisches und rheinisches Aroma bei. Da ich vor Jahren meine zweite Heimat in Bayern fand, rundet das meine Rezepte mit den Zutaten der Region und der Fröhlichkeit und dem Charme ab, Eigenschaften, die die Bayern in sich tragen.

In dieser Auswahl meiner Rezepte biete ich verschiedene Gerichte an, die gut in einem Menü kombiniert werden können, mit Rücksicht auf den Zeitaufwand und den Genuss, den Sie beim Kochen und Servieren erleben sollten.

Alle Bilder dieses Buches sind Kreide-, Kohle- und Tinte-Mischtechniken, passend zum Thema des Buches. Diese Bilder dienen als Entwurf für meine Ölgemälde und ich versuche dabei auszudrücken, welche starken Anreize Farben haben können. Dabei bemühe ich mich aber auch, die Phantasie der Zuschauer anzuregen und ihnen eine sehenswerte Alternative in der Welt außerhalb der elektronischen Medien zu bieten.

Während des Entwurfs boten sich mir verschiedene Möglichkeiten der Gestaltung dieses Buches an, aber ich fand, dass die Seele des Kochens und der Spaß das zentrale Thema sein sollten.

In der Redaktion gehe ich auf das gesamte Ritual ein: von der Vorbereitung des Tisches bis zum Einschalten der

Spülmaschine.

Hinweise für Ersatzzutaten für Vegetarier (wie mich) und einen empfindlichen Magen sind immer dabei.

Abschließend zu meinem Vorwort möchte ich versichern, dass hier alle Zutaten, die aufgelistet wurden, zum Alltag gehören und die Gewürze im entsprechenden Maß dem europäischen Gaumen angepasst sind. Ja, dies ist notwendig, denn man muss wissen, dass in Bahia (Nordbrasilien), wenn man das Essen „heiß" bestellt, dies „besonders scharf" bedeutet. Einige Europäer sind bereits Opfer dieser Verwechslung geworden.

Kochen muss Spaß machen und daher vermeiden Sie Enttäuschungen mit vergessenen Zutaten und zu viel Verschwendung. Alles vorher messen und wiegen und aufgereiht am Küchenarbeitsplatz organisieren, bevor man mit dem Kochen anfängt.

Mit Liebe besser leben

Kochen hat sehr viel mit Aroma zu tun, daher vermeiden Sie es, während des Kochens oder beim Servieren starke Parfüms zu benutzen. Dies kann absolut unangenehme Folgen haben.

Wer unbedingt einen Duft tragen möchte, sollten Naturaromen wie Lavendelwasser oder Rosen benutzen.

Weise ist der Spruch: „So wie man in den Wald ruft, schallt es zurück". Ich habe im Laufe der Jahre festgestellt, dass es besser ist, ein Essen abzusagen, als dieses lustlos oder gar zähneknirschend zu servieren.

Teures Porzellan kann ebenfalls nicht die fehlende Stimmung ersetzen. Daher schlage ich einige fernöstliche Techniken wie Meditation oder Atemübungen vor, die mir immer geholfen haben.

Bevor Sie sich in den Tag begeben, nutzen Sie die letzten Minuten im Bett für eine Phantasiestunde. Denken Sie, wie Ihr Tag ablaufen soll und wie gut Ihnen alles gelingen wird. Die Kraft der positiven Gedanken heilt vieles und eröffnet Ihrem Geist neue Perspektiven.

Nach der Dusche lassen Sie einen kurzen Strahl kaltes Wasser an Ihren Körper und genießen Sie die Natur. Einige Freundinnen (und Freunde) sagen mir: „Mach das mal mit drei Kindern". Ich sage: „Ja, das mache ich!"

Wenn man die Kinder und sein Haus liebt, dann sind sie einfach nur eine Bereicherung Ihres Tages.

Die Umstellung auf das positive Denken ist nicht leicht und einige fühlen sich besonders am Anfang unbehaglich, aber Übung macht sogar Meister!

In den modernen Zeiten und auch durch den perniziösen Einfluss der Medien fühlt man sich gedrängt, den Menschen weniger zu vertrauen und sie weniger zu lieben. Mein Ansatz ist es, sich gegen den Strom zu bewegen, Individualität zu suchen und jeden seine Individualität genießen lernen lassen.

In der Küche geht vieles darum, dass man seinen eigenen Geschmack, seine Farbe oder seine eigene Kombination präsentiert. Für die meisten Fälle gibt es keine Regel, aber einige Richtlinien bieten uns Orientierung, sollten uns aber niemals einschränken.

Diejenigen, die nie gekocht haben oder sehr wenig, sollten die nächsten Kapitel gut durchlesen. Die Erfahrenen in der Küche melden oft zurück: „Obwohl ich alles nach dem Rezept kochte, schmeckt es wie mein eigenes Essen".

Dies, meine Lieben, wird immer der Fall sein, da man immer kocht, wie man es gewohnt ist, und die Reihenfolge der Zutaten und die Größe der Prisen können von einer Messerspitze bis zu einem Teelöffel variieren. Daher tief einatmen und mit Abstand und unvoreingenommen kochen und jede Minute mit Liebe genießen.

Liebe ist einfach und soll geschenkt werden. Die Auswahl der Farben Ihrer

Tafel gibt den Ton des Abends an. Rote Töne sind romantisch und gelbe strahlen meistens Freude und viel Kommunikation aus. Abhängig von Ihrer Natur können die Farben auch anders übersetzt werden. Machen Sie sich Ihre eigene Tabelle. Es ist eine interessante Erfahrung!

Einkaufen gestalten

Supermarkt einkaufen ist bei Frauen nicht sehr beliebt, da die meisten mit einer kleinen sparsamen Liste aus dem Haus gehen und mit zwei vollen Taschen zurückkommen. Männer vergessen die Hälfte der Liste und fügen etwas Bier und Chips hinzu. Klar, werden einige sagen, das sei Schubladendenken, aber die Erfahrung zeigt, dass unsere Verhaltensrollen immer noch tief in unserer Natur verankert sind.

Für gewöhnlich bestimme ich zuerst das Budget am Ende des Monats und teile es dann wochenweise ein.

Einmal im Monat, meistens am Anfang, kaufe ich die dauerhaften Produkte, wie Margarine, Öl, Reis und Nudeln. Die anderen Wochen gehe ich dann zu einem örtlichen Supermarkt und kaufe nur Gemüse und Fleisch (nicht für mich, aber für Familie und Hund). Dies hat den Vorteil, dass man eine bessere Qualität auswählen kann, und zwar ohne Stress.

Gastgeber zu sein muss geplant sein. Für ein Date zu kochen, kann nach einem stressigen Tag zum absoluten Beziehungstöter werden.

Zu viel einzukaufen, führt zu häufigen Begegnungen mit der Bio-Tonne, und zu wenig schränkt den Gastgeber ein.

Lieben heißt schenken! Aber auch das Schenken gibt Ihnen etwas zurück, und zwar Freude.

Einige Fragen, die sich mir in der Vergangenheit stellten, betrafen fertige Gerichte oder Backmischungen. Persönlich bin ich kein Liebhaber solcher Produkte, da sie zu künstlich schmecken und meistens schwer im Magen liegen.

Einige der Produkte sind jedoch für einen schnellen Imbiss akzeptabel und es wäre unangebracht, sie zu verteufeln.

Viele meiner Leser wollten wissen, ob Bio-Produkte wirklich besser sind oder nicht, und ich musste meistens zugeben, dass es sich nicht immer lohnt, Bio zu kaufen. Ich achte besonders auf Fettgehalt und Genießbarkeit. Ich probiere die Produkte meistens auf leeren Magen aus und analysiere die Wirkung, bevor ich die Speisen meinen Gästen anbiete.

Wenn Sie einladen, sollten Sie sich unbedingt mit Ihren Gästen befassen und diskret in Erfahrung bringen, welche Allergien und Empfindlichkeiten jeder hat. Dies erspart Ihnen, mehrere Gerichte kochen zu müssen und im letzten Moment Stress zu bekommen. Sollten Sie Ihre Gäste persönlich weniger gut kennen, gilt es, die Allergien auslösenden und Gas bildenden Zutaten zu meiden. Dies sind meiner Erfahrung nach Mehl, Milch, Tomaten und Paprika. Fisch und Fleisch sind ebenfalls nicht immer willkommen, daher gilt: je unbekannter der Gast, desto neutraler die Auswahl.

Für geschäftliche Empfänge sollten weniger schwere Menüs und Alkohol geplant werden als in privaten Kreisen. Italienische Gäste, ob privat oder geschäftlich, werden trinken, egal zu welchem Anlass, Hauptsache Sie achten auf den Gefühlspegel der Gesellschaft. Ein guter Gastgeber sollte ebenfalls weniger trinken, was Sie schon auf dem Einkaufszettel berücksichtigen können.

Abschließend sollten Sie in Ihren Schränken nach dem Inhalt der Dosen und vermeintlich vorhandenen Zutaten schauen, um sie gegebenenfalls in Ihre Einkaufsliste aufzunehmen.

Das Wetter ist der letzte Faktor, der Ihre Einkaufsliste beeinflusst, daher vergessen Sie nicht, den Wetterfrosch zu konsultieren.

In sonnige Zeiten kann man draußen mit Freunde und Familie zum Biergarten fahren, oder eine Gartenparty veranstalten. In regnerische und kalte Tagen sind eher Suppen und wärmere Getränke angesagt.

Einige vermeiden das Einkaufen und das Kochen zu Hause, weil sie der Schlepperei aus dem Wege gehen wollen.

Ich benutze eine Tasche mit Rädern. Das sieht einigermaßen elegant aus und erspart die peinlichen Szenen eines Beihnahzusammenbruchs durch Verlust der Kräfte auf dem Bürgersteig oder wegen geplatzter Einkaufstüten.

Checkliste

- Budget
- Wochenplan

- Dauerhafte Zutaten
- Frische Zutaten
- Gäste während der Woche
- Ein Extra-Menü für Überraschungsmomente
- Wetterprognose anschauen

> *Knoblauch lässt sich gut zur Paste verarbeiten und mit etwas Öl kann er über Monate aufbewahrt werden.*

Zutaten vorbereiten

Berufstätige haben wenig Zeit zum Schälen, Schaben und Schnipseln, daher empfehle ich eine Stunde am Sonntag. Ich bereite die meisten Zutaten am Sonntag vor und bewahre sie in Vakuumplastikbehältern auf.

Nicht alle Zutaten können fertig vorbereitet werden, aber doch die gängigsten. Kartoffeln, Äpfel und viele Gemüse können in Salzwasser bis zu vier Tage aufbewahrt werden. Danach bekommen sie eine Kruste, die man vermeiden sollte. Bohnen, Wurzeln Zucchini und Auberginen werden am besten blanchiert.

Das Blanchieren wirkt am besten bei 5 Minuten Dauer. Das Gemüse wird in Salz und mit etwas Essig abgekocht und nach dem Abkühlen jedes für sich in luftdichten Schälchen aufbewahrt.

Gefrierschränke erlauben auch ein längeres Aufbewahren, aber da bieten sich auch die fertig blanchierten Zutaten aus dem Supermarkt an. Sie sind günstig und qualitativ sehr gut.

Reis, Nudeln und Trockenbohnen können nicht vorher vorbereitet werden. Sie müssen frisch sein und selten braucht man mehr als 35 Minuten für das Kochen.

Gewürze werden bei der Vorbereitung ganz weggelassen. Viktualien geben nämlich im Lauf des Tages mehr Aromen ab, als man sich das wünscht.

Früchte können nur in bestimmten Fällen blanchiert werden und ich empfehle dem Novizen, dies erst später auszuprobieren.

Grüne Zutaten für Salate sind nur frisch vorzubereiten, da sie sonst unansehnlich werden. So bereite ich meistens nur Karotten, Sellerie und Zwiebeln vor.

Diese können leicht blanchiert werden und ebenfalls in Salz und Essig aufbewahrt werden.

Der Vorteil ist, wenn alle Vorbereitungen auf einmal erledigt werden, dass das Putzen und Reinigen nur einmal nötig ist und die erforderlichen Geräte danach in die Schränke verbannt werden können. Danach lässt sich alles einfach kochen, ohne dass man mit müden Beinen ins Bett geht.

Das Vorbereiten von Gemüse und anderen Zutaten ist eine entspannende Aufgabe, die sogar Stress abbaut. Vor allem aber sieht man währenddessen nicht fern oder arbeitet am Computer und schont damit seine Augen.

Checkliste:

- Keine Gewürze in vorbereitetes Gemüse
- Sorgen Sie für ein gutes Messer und einen Messerschärfer

- Sterilisieren Sie die Aufbewahrungsbehälter
- Schreiben Sie das Ablaufdatum darauf

Aufbewahrungsetiketten sind in zwei Formen im Handel, festklebende und abziehbare. Die Abziehbaren fallen schon einmal durch die Kälte des Kühlschranks vom Behälter ab, weshalb ich Schalen mit verschiedenen Farben für die verschiedenen Ablauftage empfehle!

Häufige Fragen der Leser

Einige schrecken vor dem Kochen mit der Begründung zurück, dass die Küche danach wie nach einem Bombenangriff aussieht. Zugegeben, in den ersten Jahren, in denen ich gekocht habe, sah meine Küche schlimmer aus, als dass es sich lohnt, darüber zu berichten. Im Laufe der Jahre habe ich die wertvollen Tipps meiner Oma Erna (aus Essen) schätzen gelernt. Meine Oma Cinira gab die praktischen Hinweise für die Küche und meine Mutter die schmackhaftesten Tipps.

Ich hoffe, der Leser und die Leserin können sich damit viel Arbeit ersparen und sich beim Kochen umso wohler fühlen.

Sind Schürzen notwendig?

Kochen ist ein Handwerk und dafür gibt es passende Kleidung mit klaren Aufgaben. Wenn Sie sich beim Servieren umziehen, dann erübrigt es sich, eine Schürze zu tragen. Ein Küchentuch sollte auch griffbereit in der Nähe platziert werden. Wenn Sie doch nicht die Zeit für das Umziehen haben oder für eine Fingerfood-Party kochen, dann bitte benützen Sie eine Schürze. Dies ist keine Frage der Mode. Es sieht ja nicht gerade schön aus, Speisereste auf einer Hose oder einem Hemd zu sehen, nicht wahr?

Auch die Haube ist Thema, sie ist ein sehr unangenehmes Kleidungsstück, aber Männer wie Frauen tragen sie, zumal wenn sie lange Haare haben (ich leider nicht mehr, ich bin froh, dass wenigstens noch einige da sind), aber auch bei kurzen Haaren empfiehlt sich diese Kopfbedeckung. Eine Haube hilft gegen Haare im Teig oder in sonstigen Speisen.

In eine professionelle Küche würde ich niemals ohne eine Haube oder Tuch gehen (diese Regel ist für Glatzenträger fakultativ, versteht sich).

Muss nach Rezept gekocht werden?

Einige sagen, nach Gefühl mischen reicht, andere gehen in labormäßiger Genauigkeit vor. Ich orientiere mich sehr an den Maßangaben in den Rezepten und nehme je nach Ausfall meines visuellen Urteils und der Geschmacksproben ein Feintuning vor. Dieses Nachwürzen liegt nicht an der Menge der Zutaten, die eventuell abgemessen wurde, sondern an ihrer Qualität. Einige Mehle kleistern nicht so gut wie andere, manche Pfeffer sind nicht scharf genug oder die Hühner sind nicht richtig gefüttert worden. Verschiedene Faktoren erfordern auch verschiedenes Feintuning.

Wie bereite ich mich am besten vor?

Ich lege meine Kochbücher und Rezeptkarten (und mittlerweile auch meinen Laptop) an eine Stelle, wo ich das Rezept ganz lesen kann, ohne es mit schmutzigen

Händen anfassen zu müssen. Die Zutaten werden abgewogen und in verschiedenen Schalen angeordnet und ich lasse bereits Platz in der Spülmaschine für gebrauchtes Geschirr und Besteck. Sollten Sie nicht alles bereits nach dem Kochen in eine Spülmaschine legen können (zum Beispiel, weil keine Maschine da ist), dann nehmen Sie große Plastikwannen, die helfen, die Ordnung einzuhalten. Putzlappen und Küchentuch in Griffnähe, dann ran an die Arbeit!

Checkliste vor dem Kochen

- Rezept ist da
- Zutaten wurden geordnet
- Ofen ist sauber und leer
- Platz für verbrauchtes Geschirr und Besteck ist bereit
- Schürze oder nicht?
- Platz für das Gekochte

Checkliste nach dem Kochen

- Rezept weg
- Restliche Zutaten aufräumen und die Einkaufsliste aktualisieren
- Arbeitsstelle sollte (im sichtbaren Bereich) sauber sein
- Spülmaschine einschalten (oder die Wanne auf dem Balkon verstecken)
- Wenn keine Schürze benutzt wurde, dann Kleider wechseln

Kochen und lange Fingernägel vertragen sich schlecht. Daher gilt vor der Zubereitung von Teigen, Salaten oder Frikadellen, die Nägel vorher kurz zu schneiden!

Saucen und Dips

Saucen werden am besten in sterilisierten Gläsern aufbewahrt.

Das ist einfach zu machen. In einem großen Kochtopf bringen Sie viel Wasser und ein Glas Essig (jeglicher Art) zum Kochen.

Senf Dijoner Art

Viele dachten bestimmt einmal, Senf wachse in Töpfchen. Tatsache ist, dass Ihre Küche mit einer solchen Zutat sogar mit einem Quick-Imbiss konkurrieren kann.

Zutaten

- 1 Tasse Weißweinessig
- ½ Tasse Olivenöl
- ½ Tasse Honig
- Senfpulver (ca. 2 Tassen)

Zubereitung

Olivenöl leicht anwärmen, Honig darin mischen und mit einem Holzlöffel (bitte kein Metall bei Essig) in ein kaltes Bad mit Olivenöl mischen. Nach und nach das Senfpulver dazugeben, bis eine klebrige Konsistenz erreicht ist.

Die Qualität der Zutaten und die Hingabe beim Mischen ergeben verschiedene Nuancen. Probieren Sie es aus. Servieren Sie mit Würfeln von Gouda oder Emmentaler. Drei Tage im Kühlschrank lagern und dann servieren.

Beim Ablaufdatum können Sie von sechs Monaten ausgehen.

Touch of England Dip

Einige machen Witze über den englischen Geschmack, aber wer dessen Schätze kennt, wird sich in diese Sauce meiner Tante Elly verlieben.

Zutaten

- 1 Tasse Weißweinessig
- ½ Tasse weißer Rum oder Korn
- 300 g Zucker
- 80 g Salz
- 1 Löffel weißer Pfeffer
- 30 g Ingwerpulver
- 3 Nelken
- 2 Messerspitzen Muskat
- Oregano
- Lorbeerblätter

Zubereitung

Zucker in einem Kochtopf karamellisieren. Dies ist etwas schwierig für jemand, der nicht häufig kocht, aber auch keine unüberwindbare Hürde. Unter ständigem Rühren lassen Sie den Zucker goldbraun werden. Essig und Salz dazugeben. Achten Sie darauf, dass alles gleichmäßig aussieht, dann erst mischen Sie den Rum oder Korn bei. Die Gewürze sollen gemeinsam in einer Mischung nach und nach zugegeben werden. Dieser Dip verlangt etwas Geduld, da man nach drei Tagen Lagerung sieben sollte, um die Oregano Blätter, Nelken und Lorbeerblätter herauszunehmen. Gut lagern und dann zu Fleischgerichten oder für Schinkenbrötchen verwenden.

Mayonnaise für Fortgeschrittene

Unsere Gesellschaft badet in Fett und Kalorien, propagiert im ungesunden Schnellimbiss und vom Marketing der Burger-Ketten. Mit dieser Mayonnaise (und dem Ketchup im nächsten Rezept) werden Sie zu Hause alle gesund und lecker ernähren.

Zutaten

- 3 gekochte Eigelb
- 3 rohe Eigelb (gut vom Eiweiß trennen)
- ½ Teelöffel Weißer Pfeffer
- 1 Esslöffel Limonen Saft
- ½ Teelöffel Zucker

Rapsöl (man könnte auch Olivenöl einsetzen, aber Rapsöl ist bekömmlicher und hat eine bessere Farbe).

Zubereitung

Es ist kaum möglich, hier etwas falsch zu machen. Alle Eigelbe mit der Hand mischen. Pfeffer, Limonen und Zucker dazugeben. Diese Masse in die Küchenmaschine geben und mit der langsamen Geschwindigkeit anfangen und allmählich bis zum Maximum aufdrehen – und fertig ist es.

Bewahren Sie die Mayonnaise maximal fünf Tage auf!

Mayonnaisen sind sehr fettreich, daher achten Sie auf die sonstigen Komponenten Ihres Menüs. Wenn alles zu fett ist, mag es schmecken, aber danach fühlen sich alle wegen der überforderten Leber unwohl!

Ketchup für Genießer

Ketchup ist nicht gleich Ketchup. Das beweist dieses Rezept!

Zutaten

- ½ Liter Rotweinessig
- 1 Tasse Zucker
- 1 Teelöffel Schwarzer Pfeffer
- 1 Teelöffel geraspelter Ingwer
- 4 Wacholder
- 1 Lorbeerblatt
- 1 Stange Porree
- 2 Nelken
- 100 g Tomatenmark

Zubereitung

Wacholder, Lorbeerblatt und Nelken miteinander mahlen und mit dem Pfeffer mischen. Das Ergebnis mit Zucker und dem wirklich klein geschnittenen Porree mischen und zum Kochen bringen. Geben Sie den Essig hinein und lassen Sie es bei kleiner Flamme auf dem Herd, bis ⅔ davon abgedampft sind. Dies erfordert Geduld und Zeit, aber das Ergebnis lohnt sich. Durch ein Sieb passieren und das Tomatenmark mixen und zu einer glatten Masse kochen lassen. In ein Aufbewahrungsglas geben, im Marienbad erhitzen und verschließen. Es hält mindestens acht Wochen.

Mörser können heutzutage durch elektrische Mühlen ersetzt werden. Jedoch kann eine Mühle nicht universell benutzt werden. Daher gilt es, für jede Gewürzart eine eigene Mühle zu reservieren. Ich selbst habe sechs davon!

Salatsoße (auch Gemüsedip)

Damit sind alle Schwierigkeiten mit dem Würzen von Salaten vorbei.

Zutaten

- 1 Bund Petersilie
- ½ Bund Schnittlauch
- ½ Tasse Olivenöl
- ⅓ Teelöffel schwarzer Pfeffer
- 1 Esslöffel Quark
- 1 Löffel Zucker mit ½ Löffel Salz
- ¼ Tasse Wasser
- 1 Esslöffel Kräuter der Provence

Zubereitung

Schnittlauch und Petersilie sehr klein zerhacken. Alle Zutaten in eine Mixflasche geben. Gut schütteln, bis alles sehr gleichmäßig wird. Direkt servieren und nicht länger als einen Tag aufbewahren.

Tortilla Sauce

Sogar Spanier würden sagen: Olé!

Zutaten

- 2 große weiße Zwiebeln
- 3 Tassen Wasser
- Sonnenblumenöl

- 1 Teelöffel schwarzer Pfeffer
- 1 Bund frische Petersilie
- 1 kleiner Zweig Liebstöckel
- 1 Knoblauchzehe

Zubereitung

Knoblauch in Würfel schneiden und in Sonnenblumenöl (kein Olivenöl!) goldbraun frittieren. Dann Knoblauch verwerfen. Zwiebeln sehr klein gehackt in die Pfanne geben und kurz nach dem leichten Frittieren (zwei, maximal drei Minuten) mit Wasser ablöschen und kochen lassen, restliche Zutaten beigeben und mit dem Quirl mixen. Auf Eierspeisen oder Chips. Nicht länger als 1 Tag aufbewahren.

Manche Saucen können in Einweckgläsern aufbewahrt werden, aber beachten Sie, dass Gewürze wie Pfeffer, Nelken, Zimt und Wacholder stark an Geschmack gewinnen, je länger man sie aufbewahrt.

Kanapees

Das Geheimnis eines guten Empfangs liegt in der Einfachheit und der Fantasie der Vorspeisen. Diese sollen nicht satt machen, sondern den Appetit anregen.

Ein Hinweis zum Wort Kanapee. Das Wort ist sehr gängig in Brasilien für Fingerfood oder Party-Brötchen. Da ich sowohl die gehaltvolle als auch die andere Variante meine, entschied ich mich für dieses Wort und ich hoffe, Sie pflichten mir nach dem Ausprobieren dieses Rezeptes bei.

Fettige Beläge und große Brotunterlagen werden Ihre

Gäste zu schnell satt machen und eventuell reduziert sich die erwartungsvolle Einstimmung auf ein gutes Menü.

Sie müssen bei der Gestaltung des Finger-Foods überlegen, welches Ziel sie an diesem Abend verfolgen.

Für einen leichten Umtrunk und informellen Empfang sollten aufwändigere Varianten ausgewählt werden, die eine Hauptspeise ersetzen. Als reine Vorspeise empfehle ich die leichtere Variante.

Ich habe absichtlich keine genauen Mengen vorgegeben, um Ihrer Kreativität freien Lauf zu lassen. Dort, wo Einschränkungen zu machen sind, achten Sie auf die Tipps.

Zwieback ist schön, aber schrecklich zum Belegen, daher empfehle ich immer zwei Scheiben aufeinanderzulegen, damit die obere Scheibe nicht bricht.

Gute Hochzeiten

Die Gegensätze ziehen sich an!

Zutaten

- Salzkekse
- Butter
- Quark
- Salz und Pfeffer
- Orangensaft
- Geraspelte Radieschen
- Oliven in Scheiben geschnitten (herauskommen Ringe, am liebsten schwarz und grün)

Zubereitung

Butter mit Quark in eine Schüssel geben und mit einer Gabel zusammendrücken. Geraspelte Radieschen 15 Min. in Salzwasser ruhen lassen und dann das Wasser wegschütten. Pfeffer, Radieschen, Orangensaft und die Quark-Butter-Mischung zusammenrühren. Mit einem Löffel auf den Salzkeksen dekorieren und mit zwei Olivenringen abrunden.

Servieren Sie mit Cocktailservietten und einem frischen Weißwein!

Solche Vorspeisen müssen schnell zubereitet werden, denn wer will schon den ganzen Abend in der Küche verbringen? Sparen Sie Zeit, indem Sie die Mischung in eine Spritztüte geben und die Unterlagen mit schnellen Handbewegungen belegen. Achten Sie vor allem auf die Öffnung der Tüte!

Ginger Kiss

Ich habe dieses Rezept nach der Ulknudel der Serie Gilligan's Island benannt. Sie war zwar in der Rolle nicht die Freundlichste, aber die Darstellerin war sehr nett.

Zutaten

- Geraspelter Ingwer
- Honig
- Salz
- Pfeffer

- Margarine
- Kartoffelbrei
- Etwas Mehl
- Cherrytomaten

Zubereitung

Den Teig mit Ingwer, Honig, Salz, Pfeffer, Margarine und Kartoffelbrei (auch aus der Packung möglich) mixen und in eine Spritztüte geben. Auf ein Backpapier kleine Kringel spritzen und 15 Min. backen. Kalt werden lassen und mit einer halben Cherrytomate in der Mitte dekorieren.

Äpfel sind ein guter Ersatz für Zwiebeln und verderben nicht den Atem. Das ist bei Dates oder Partys, wo man sich nahe kommt, immens wichtig. Wer mag schon von jemand mit Zwiebelatem geküsst werden, nicht wahr?

Grüße aus Rom

Etwas Italienisches muss in meiner Küche erscheinen, aber es muss ja nicht Pasta sein!

Zutaten

- Baguette- oder Ciabatta-Scheiben
- Butter
- Quark 40 %
- Frischer Oregano, Basilikum und Petersilie
- Salz und Pfeffer
- Gekochtes Eigelb

- Rote Paprika in Scheiben
- Mozzarella in Scheibchen

Zubereitung

Achten Sie darauf, erst das Grün, dann Weiß und Rot zum Abschluss zu machen, also die italienische Flagge. Kräuter in einem Mixer pürieren und den Quark mixen. Das Eigelb mit einer Gabel in die Masse drücken und mit der Butter abschließen. Diese Masse wird auf die Brotscheibchen aufgestrichen. Darauf kleine Scheiben des Mozzarellas legen. Es darf nicht übermächtig sein, damit die grünen Unterlagen noch für die Augen wirken. Die rote Paprika in Olivenöl anbraten und nach Möglichkeit die Schale abziehen. Feine Streifen schneiden und auf den Mozzarella legen. Tah Dah!

Kartoffel sind schmackhaft, aber erfordern eine lange Verdauung. Daher nicht mehr als zwei solcher Speisen für denselben Abend vorsehen.

Karotten-Fee

Dieses Rezept meiner Cousine Valeria war eine der wenigen Künste, die Sie in der Küche vollbrachte, aber auch die wertvollste Erinnerung, die ich von ihr in mir trage.

Die Karotten machen den Teig etwas bekömmlicher und vermeiden eventuelles Sodbrennen und einen zu vollen Magen. Der Unterschied zu den Rezepten zuvor ist, dass im Teig in der Mitte ein Loch für das Dekor bleiben muss.

Zutaten

- Eigelb und ein gekochtes Eiweiß
- Geraspelte Karotten
- Kartoffelstärke
- 1 Löffel Mehl
- Zucker
- Olivenöl
- 1 Esslöffel Joghurt
- 1 Esslöffel Quark
- Pfeffer
- Currypulver
- Zitronensaft
- Petersilie zum Dekorieren

Zubereitung

Karotten, Zucker, Öl, Salz und Currypulver mischen. Diese Mischung mit Quark und Joghurt glätten. Mit der Kartoffelstärke und Mehl zu einer nicht zu festen Masse verarbeiten. Sollte sie noch zu flüssig sein, geben Sie etwas mehr Mehl dazu. Auf eine Backfolie mit einem Spritzbeutel in schöne Glöckchen aufteilen und eine Furche mit einer Messerspitze markieren. 15 Min. bei 200° C backen lassen. Die Kügelchen kalt werden lassen und mit Scheiben der gekochten Eier verzieren. Pfeffer darüberstreuen und mit Zitronensaft besprenkeln. Dann die Petersilie wie ein Häubchen oben daraufsetzen. Bedenken Sie, dass die Häufchen wie Feen aussehen sollten und nicht wie Klößchen.

Wenn Eiweiß von einem Rezept übrigbleibt, können Sie dieses in einer

Tasse im Wasserbad steifkochen für Verzierungen, oder backen Sie Muffins. In denen wird sich das fehlende Eigelb kaum bemerkbar machen!

Obatzda für Figurbewusste

Der normale Obatzda ist einfach zuzubereiten, aber er ist ziemlich fett und liegt für Stunden im Magen. Ich habe einige Zutaten verändert und mir kommt er dennoch bayerisch genug vor, aber magenfreundlicher.

Zutaten

- Camembert
- Butter kommt in das Originalrezept, ich ersetze sie durch Margarine
- Limburger von der fettarmen Sorte
- Salz und Pfeffer
- Paprikapulver
- Zerhackte Gurken
- Zerhackte Zwiebeln
- Zerhackte Radieschen

Zubereitung

Camembert, Margarine und Limburger mit einer Gabel zusammendrücken. Salz und Pfeffer nach Bedarf und Geschmack. Das zerhackte Gemüse füllt die Masse und verhindert, dass man zu viel Butter und Käse zu sich nimmt. Als Unterlage empfiehlt sich eine Brezel. Ich bestelle meistens Mini-Brezeln beim Bäcker, denn sie sehen zierlich und unverkennbar aus.

Frittieren ist einigermaßen aus der Mode, da zu viel Fett im Spiel ist, aber das Überbacken ist eine einfache und schnelle Alternative. Aber weniger Fett bedeutet auch weniger Geschmacksüberträger.

Venusmuschel

Romantik ist nicht nur eine Zierde.

Zutaten

- Salzkekse oder Zwieback
- Butter
- Geraspelter Ingwer
- Salz und Pfeffer
- Etwas Limonensaft
- Schrimps
- Lila Zwiebel
- Etwas Rote-Bete-Saft

Zubereitung

Alle Zutaten (ohne die Butter und die Salzkekse, ich denke, dies ist klar) in einen Mixer geben und kräftig vermischen.

Um die Konsistenz zu halten, mixen Sie mit einer Gabel die Butter unter die Mischung. Stellen Sie das Ganze für 30 Min. in den Kühlschrank und danach streichen Sie es auf den Zwieback oder die Kekse.

Als Dekor bieten sich Erdbeerscheiben oder Gänse-
blümchen an – oder beides.

Selbstgebackene Baguettes sind eine
gute Ergänzung für jeden Empfang.
Sie sind leicht und schnell zu machen.

Vorspeisen und Eingelegtes

Antipasti-Karotten

Zutaten

- 300 g klein geschnittene Karotten
- 50 ml Wasser
- 1 mittelgroße Knoblauchzehe
- 3 Lorbeerblätter
- 2 Esslöffel Olivenöl
- 1 Esslöffel brauner Zucker
- Rosmarin
- Oregano
- Etwas Balsamico

Zubereitung

- Gemüse in einen Kochtopf geben und etwas Wasser
  dazu.
- Knoblauchzehe, Lorbeerblätter und Öl dazugeben.
- Topf zum Kochen bringen und die Zeituhr auf
  20 Min. Garzeit stellen.
- Nach 10 Minuten, unter ständigem Rühren, Zucker,
  Rosmarin und Oregano hinzugeben.

- Nach der Kochzeit etwas Balsamico dazugeben und zum Kühlen wegstellen.
- Nach einer Stunde in den Kühlschrank bringen.

Aubergine-Kürbis-Brotaufstrich

Zutaten

- 1 mittelgroße Aubergine
- 2 Esslöffel Kürbiskernöl
- 1 Esslöffel Olivenöl
- ½ Esslöffel Salz
- Thymian
- 1 Knoblauchzehe
- 100 g Kürbiskerne
- 1 Stück   Ingwer (so groß wie der Knoblauch)
- 1 Teelöffel Essig

Zubereitung
Arbeitszeit: ca. 20 Min.

- Aubergine in der Mitte aufschneiden und auf einen Teller legen, mit dem Schnitt nach unten. Zwei oder drei Stellen im unteren Bereich der Aubergine mit der Gabel anstechen.
- Mikrowelle in der mittleren Stufe auf 9 Min. stellen und die Teller mit der zugeschnittenen und gestochenen Aubergine hineinstellen.
- Nach den 9 Min. Aubergine 15 Min. liegen lassen. Danach Haut abziehen und in den Mixer-Becher geben.

- Alle weiteren Zutaten dazugeben und mit dem Stab-mixer gut pürieren.
- Konservengläser am besten vorkochen und mit der Masse füllen. Um länger zu konservieren, geben Sie einen Teelöffel Öl hinzu, bevor Sie den Deckel verschließen.

Mediterraner Brotaufstrich

Zutaten

- 300 g Zucchini (ca. 3 Zucchini medium)
- 100 g Möhren (ca. 2 kleine Möhren)
- 2 Stück Paprika
- 1 Teelöffel Limettensaft
- 3 Esslöffel Frischkäse
- Salz
- Schwarzer Pfeffer
- Weißer Pfeffer
- Knoblauchpulver
- Kräuter (am besten griechische Mischung)
- Olivenöl

Zubereitung

- Gemüse kleinraspeln.
- Olivenöl in die Bratpfanne (nicht abdecken) geben und den Gemüsebrei bei mittlerer Kochstufe eine Stunde kochen. Das Wasser müsste nach einer Stunde fast weg sein.
- Salz, Kräuter und Pfeffer dazugeben. Weitere 5 Min. kochen.

- Frischkäse und Limettensaft dazugeben. Am Ende nochmals mit dem Pürierstab feiner bearbeiten.
- Konservengläser füllen und nach 1 Stunde in den Kühlschrank stellen.

Tomatenpaste für Pizza

Zutaten

- 100 g Tomatenmark
- 40 g Tomaten in Würfeln
- 30 g Sonnenblumenkerne
- 1 Esslöffel Sojasauce
- 2 Teelöffel Limonensaft
- 1 Teelöffel Salz
- Schwarzer Pfeffer
- Basilikum
- Oregano
- Rosmarin

Zubereitung
Arbeitszeit: ca. 10 Min.

- Zutaten in einen tiefen Becher geben.
- Gut pürieren.
- Zwei Konservengläser einkochen.
- Masse in die heißen Gläser geben.
- Mit einem Esslöffel Rapsöl abdecken und verschließen.
- Diese Paste hält sich bis zu drei Monaten.

Sie wird auf den frischen Pizzateig mit einem Pinsel aufgetragen. Da in dieser Paste wenig Wasser enthalten ist, bleibt die Pizza kross und ohne weiche Stellen.

Türkischer Brotaufstrich

Zutaten

- 1 Aubergine (ca. 700 g)
- 1 kleine Zwiebel (oder eine halbe große)
- 1 Tomate (gepellt)
- 1 Esslöffel Tomatenmark
- 2 Knoblauchzehen
- 1 Teelöffel Zitronensaft
- Salz
- Schwarzer Pfeffer
- Thymian

Zubereitung

- Aubergine an allen vier Seiten aufritzen.
- Aubergine im Ofen bei 180° C eine Stunde backen.
- Die Haut der Aubergine sollte leicht abgehen.
- Alle Zutaten in einen Mixer geben und gründlich mischen.
- In Gläser füllen und am Ende mit einem Löffel Öl abschließen.

Zucchini-Brotaufstrich

Zutaten

- 300 g Zucchini (ca. 3 Zucchini medium)

- 100 g Zwiebeln (ca. 1 kleine Zwiebel)
- 1 Teelöffel Limettensaft
- 3 Esslöffel Frischkäse
- Salz
- Schwarzer Pfeffer
- Weißer Pfeffer
- Knoblauchpulver
- Kräuter (am besten griechische Mischung, eventuell frischer Basilikum dazu)
- Olivenöl

Zubereitung

- Gemüse klein raspeln.
- Olivenöl in die Bratpfanne (nicht abdecken) geben und den Gemüsebrei bei mittlerer Kochstufe 15 Min. kochen. Das Wasser müsste nach einer Stunde fast weg sein.
- Salz, Kräuter und Pfeffer dazugeben. Weitere 5 Min. kochen.
- Frischkäse und Limettensaft dazugeben.
- Konservengläser füllen und nach 1 Stunde in den Kühlschrank stellen.

Brot

Ciabatta – einfache Version

Zutaten

- 300 g Mehl 550

- 100 g Mehl 670 (Dinkel)
- 350 ml lauwarmes Wasser
- 50 ml Öl
- 1 Esslöffel Zucker
- 1 Teelöffel Salz
- Kardamom
- 1 Tütchen Backhefe (20 g)

Optional

- 2 Esslöffel klein geschnittene Oliven

Zubereitung

- Hefe in lauwarmem Wasser und Zucker auflösen.
- Mehl in eine Rührschüssel geben und eine Mulde in der Mitte machen. Dort die aufgelöste Hefe hinzugeben.
- Alle Zutaten glattrühren (ca. dreizehn Minuten) und zwölf Stunden an einem warmen Plätzchen gehen lassen.
- Nach zwölf Stunden den sehr klebrigen Hefeteig zusammen mit weiteren 100 g Mehl 550 vorsichtig mit der Hand kneten. Nicht mit der Knetmaschine arbeiten, sonst sind die Bläschen kaputt.
- Dabei eventuell mehr Mehl dazugeben, bis sich die Masse vom Schüsselrand ablöst. Nicht zu viel Mehl!
- Blech mit Backpapier auslegen und Teig in Form von zwei Brotlaiben dort ausbreiten. Hier kann einer der Brotlaibe mit Oliven belegt werden. Eine weitere Stunde abgedeckt gehen lassen.
- Bei 250° C 15 Min. lang goldbraun bei Umluft backen, dann bei 200° C weitere 15 Min. backen.

- Mindestens eine Stunde vor dem Servieren abkühlen lassen.

Hausmannsbrot

Am Abend sollte man nicht zu schwer speisen. Damit keiner im Sofa einschläft und der Zauber des Abends in einer Verdauungstrunkorgie endet, sind Nudeln ein guter Tipp!

Zutaten

- 250 g Mehl 550
- 100 g Mehl 997
- 2 Löffel Sonnenblumenkerne
- 2 Löffel Haferflocken
- 1 Glas Sojamilch (mit etwas Joghurt)
- 1 Esslöffel Margarine
- 2 Esslöffel Honig
- 1 Prise Kardamom
- 1 Tütchen Backhefe

Zubereitung

Beide Mehle zusammen sieben und Sonnenblumen und Haferflocken daruntermischen. Etwas Salz dazu. Milch, Honig und Margarine etwas aufwärmen und Hefe darin auflösen. Alles ca. 5 Min. glatt zusammenkneten. 1 Stunde aufgehen lassen. 1 Stunde im vorgewärmten Ofen (200° C) backen und 2 Stunden erkalten lassen.

Kartoffelbrot

Zutaten

- 400 g Mehl 405
- 200 g gekochte Kartoffeln (mehlig)
- 150 ml lauwarmes Wasser
- 50 ml Öl
- 1 Esslöffel Zucker
- 1 Esslöffel Margarine
- 1 Teelöffel Salz
- Ingwerpulver
- Kardamom
- Muskatpulver
- 1 Tütchen Backhefe (20 g)

Zubereitung

- Hefe und Zucker in lauwarmem Wasser auflösen.
- Mehl in eine Rührschüssel geben und eine Mulde in der Mitte machen. Dort die aufgelöste Hefe dazugeben.
- Alles glattrühren (ca. sechs Minuten) und eine Stunde an einem warmen Plätzchen aufgehen lassen.
- Gekochte Kartoffeln mit Margarine und den restlichen Zutaten pürieren.
- Kartoffelpüree und Hefeteig gut miteinander mischen. Dabei eventuell mehr Mehl dazugeben, bis die Masse sich vom Schüsselrand ablöst.

- Kastenbackform mit Backpapier auslegen und Teig dort hineingeben. Eine Stunde abgedeckt aufgehen lassen.

- Bei 200° C 15 Min. goldbraun backen, dann bei 180° C weitere 15 Min. backen.

- Vor dem Servieren mindestens eine Stunde kühlen lassen.

Käsebrot Sao Paulo

Zutaten

- 600 g Mehl 550

- 350 ml lauwarmes Wasser

- 1 Päckchen Hefe (reicht für 500 g Mehl)

- 100 ml Öl

- 1 Teelöffel Salz

- 200 g geriebener Gouda

- Pfeffer

- Kardamom

Zubereitung
Arbeitszeit: ca. 3 Stunden

- Mehl in die Rührschüssel geben und in lauwarmem Wasser aufgelöste Hefe dazugeben.

- Schlagen, bis es gleichmäßig kleistert.

- Abdecken und für eine Stunde an einen warmen Ort stellen.

- Restliche Zutaten dazugeben und eventuell etwas mehr Mehl, bis es sich vom Rand abhebt.

- Helfen Sie gegebenenfalls mit einem Gummispachtel nach, bis der Teig nicht mehr am Rand klebt.
- Zwei Stangen Brot formen und auf ein mit Backpapier ausgelegtes Blech legen und dann mindestens eine Stunde stehen lassen.
- Im vorgewärmten Ofen bei 200° C 25 Min. backen.
- Mit Zuckerwasser und Öl bepinseln und weitere 3 Min. backen.

Ich packe das Brot meistens zum Aufbewahren in Stofftüten.

Quark-Tagesbrötchen

Zutaten

- 110 g Mehl 670 (Dinkel)
- 180 g Mehl 550
- 100 g Hartweizengrieß
- 100 ml lauwarmes Wasser
- 150 ml Milch
- 125 g Magerquark
- 15 ml Öl
- 1 Esslöffel Zucker
- 1 Teelöffel Salz
- Kardamom
- Muskat
- Ingwerpulver
- 1 Tütchen Backhefe (20 g)

Zubereitung

- Hefe in lauwarmem Wasser und Zucker auflösen. Milch dazugeben.

- Mehl, Salz und Gewürze in eine Rührschüssel geben und eine Mulde in der Mitte machen. Dort die aufgelöste Hefe und Öl hinzugeben.

- Alles (ca. 12 Min.) auf Stufe 1 und dann weitere 5 Min. auf Stufe 2 glattrühren.

- 4 Stunden an einem luftdichten Plätzchen aufgehen lassen, dann im Kühlschrank weitere 16 Stunden aufgehen lassen.

- Nach dem Aufgehen 8 Brötchen formen und weitere 40 Min. aufgehen lassen.

- Bei 230° C 20 Min. goldbraun backen, alle 6 Min. die Temperatur um 10 Grad reduzieren, dabei die Ofentür ganz öffnen, um den überschüssigen heißen Dampf entweichen zu lassen (und dann schließen).

- Vor dem Servieren mindestens eine Stunde abkühlen lassen.

Sonnenblumenbrot

Zutaten

- 400 g Mehl 550
- 200 g Mehl 670 (Dinkel)
- 250 ml lauwarmes Wasser
- 50 ml Öl
- 100 g Sonnenblumenkerne
- 1 Esslöffel Zucker
- 1 Teelöffel Salz

- Ingwerpulver
- Kardamom
- Muskatpulver
- 1 Tütchen Backhefe (20 g)

Zubereitung

- Hefe in lauwarmem Wasser mit Zucker auflösen.
- Mehl in eine Rührschüssel geben und eine Mulde in der Mitte formen. Dort die aufgelöste Hefe dazugeben.
- Alles glattrühren (ca. 6 Min.) und eine Stunde an einem warmen Plätzchen aufgehen lassen.
- Hefeteig nach einer Stunde gut mit den Sonnenblumenkernen mischen. Dabei eventuell mehr Mehl dazugeben, bis der Teig sich vom Schüsselrand ablöst.
- Kastenbackform mit Backpapier auslegen und Teig dort hineingeben. Danach eine Stunde abgedeckt aufgehen lassen.
- Bei 200° C 15 Min. goldbraun backen, dann bei 180° C weitere 15 Min. backen.
- Vor dem Servieren mindestens eine Stunde abkühlen lassen.

Sonntagsbrötchen

Zutaten

- 180 g Mehl 1050
- 210 g Mehl 670 (Dinkel)
- 150 ml lauwarmes Wasser

- 150 ml Milch
- 15 ml Öl
- 1 Esslöffel Zucker
- 1 Teelöffel Salz
- Kardamom
- 1 Tütchen Backhefe (20 g)

Zubereitung

- Hefe in lauwarmem Wasser und Zucker auflösen.
- Mehl in eine Rührschüssel geben und eine Mulde in der Mitte formen. Dort die aufgelöste Hefe hinzugeben.
- Alles (ca. zwölf Min.) auf Stufe 1 und dann weitere 5 Min. auf Stufe 2 glattrühren.
- 4 bis 9 Stunden an einem luftdichten Plätzchen aufgehen lassen. Wahlweise können Sie 16 Brötchen im luftdichten Behälter im Kühlschrank aufgehen lassen.
- Nach dem Aufgehen 8 Brötchen formen und eine weitere Stunde aufgehen lassen.
- Bei 210° C 20 Min. goldbraun backen, alle 6 Minuten die Temperatur um 10 Grad reduzieren und den Ofen gut aufmachen (und dann schließen).
- Vor dem Servieren mindestens eine Stunde abkühlen lassen.

Appetizer

Frittieren ist einigermaßen aus der Mode geraten, da zu viel Fett im Spiel ist, aber das Überbacken ist eine einfache und schnelle Option. Allerdings bedeutet weniger Fett auch weniger Geschmacksüberträger und daher sollten Sie gut planen, wo Fett reduziert wird.

Aubergine Cupcakes

Zutaten

- 300 g Zucchini
- 300 g Aubergine
- 2 Eier
- 100 g Emmentaler gerieben
- 250 g Mehl 405
- 1 Esslöffel Olivenöl
- 2 Teelöffel Backpulver
- Salz
- Schwarzer Pfeffer
- Öl oder Butter zum Einfetten
- Semmelbrösel

Zubereitung
Arbeitszeit: ca. 20 Min.

- Die Zucchini mit Schale raspeln.
- Aubergine schälen und in 5 mm große Würfel schneiden.
- Zucchini und Aubergine in einer Bratpfanne 15 Min. lang mit Salz, Pfeffer und anderen Gewürzen nach Wunsch wenden.
- Käse klein raspeln.
- Käse, Zucchini und die Eiern gut verrühren.

- Mehl und Backpulver unterrühren. Falls das Gemüse zu viel Wasser enthält, dann bis 100 g mehr Mehl dazu tun.

- In gefetteten Muffin Formen (ich benutze Cupcake-Formen, weil sie etwas größer sind) etwas Semmel-brösel darüberstreuen, damit die Kuchen nicht an der Form haften.

- Im vorgeheizten Backofen bei 190°C 30 Min. backen.

- Sofort aus der Form stürzen und erst servieren, nachdem die Muffins mindestens eine Stunde auf einem Gitter gelegen haben (damit sie unten nicht nass werden).

So, nun reicht es mit dem Kochen für heute. Mit einem Gläschen Wein setzen wir uns jetzt zur Ruhe.

Barchetta

Dies habe ich nicht nach dem gleichnamigen Auto benannt, sondern nach den kleinen Booten am Strand vom Santos in Brasilien.

Zutaten

Teig

- 250 g Mehl 550
- Salz
- Pfeffer
- 1 Päckchen Hefe
- Olivenöl
- 3/4 Glas Milch

- Feingeraspelter Parmesankäse
- Salz
- Pfeffer
- Tomaten in Würfeln (gibt es in der Dose)
- Olivenöl
- Grüne Paprika

Zubereitung

Teig

Hefe in Milch auflösen. Teig zusammendrücken, 30 Min. aufgehen lassen und dann in kleine 5 cm große Bötchen formen.

Die Formen 15 Min. bei 180 °C backen.

Füllung

Tomaten mit Paprika und den Gewürzen mischen. Alle ins Boot geben. Die Schiffchen 10 Min. bei 180 °C überbacken.

Kartoffel und Teigwaren sind schmackhaft, aber müssen lange verdaut werden. Daher nicht mehr als zwei solcher Speisen für ein und denselben Abend vorsehen.

Käse-Cracker

Zutaten

- 150 g Margarine (kalt)
- 200 g Mehl 405
- 2 Esslöffel Quark (Magerstufe oder 20 % Fett)

- 1 Prise Salz
- 1 Teelöffel Paprika edelsüß (eventuell etwas weniger)
- 200 g geriebener Käse (Emmentaler oder Gouda)
- 1 Eigelb (zum Bestreichen)
- 1 Esslöffel Sahne (auch zum Bestreichen)

Zubereitung

- Aus Mehl, Margarine, Quark und geriebenem Käse einen Mürbeteig kneten und ca. 60 Min. kühl stellen.
- Den Teig dünn ausrollen, kleine Formen ausstechen und auf Backpapier legen, dann mit Eigelb-Sahne bestreichen und nach Belieben bestreuen (mit Sesam, Leinsamen oder Mohn).
- Die Plätzchen dann bei 180° C ca. 10 Min. goldgelb backen.
- ca. 60 Min. abkühlen lassen.

Käsetaler

Zutaten

- 150 g Margarine (Raumtemperatur)
- 150 g geriebener Käse (Emmentaler oder Gouda)
- 50 g Parmesankäse (gerieben)
- 100 ml Sahne
- 250 g Mehl 550
- 1 Teelöffel Salz
- 1 Teelöffel Paprika edelsüß
- 1 Teelöffel Backpulver

Zubereitung

- Alles miteinander verkneten und dabei drauf achten, dass die Margarine gut verteilt ist. Den Teig ca. 1 Stunde im Kühlschrank ruhen lassen.

- Taler formen

- Teig 5 cm dick ausrollen und Plätzchen ausstechen.

- Mit Wasser bestreichen und evtl. mit Sesam, Leinsamen oder Kümmel bestreuen.

- Bei 200° C 15 Min. goldbraun backen.

- Mindestens eine Stunde abkühlen lassen.

Meeresapfel

Ich habe diesen Namen selbst kreiert, denn nach der vielen Mühe, dieses Rezept zu verfeinern, würde ich mich weigern, es Rollmops auf Brot zu nennen.

Zutaten

- Geraspelte grüne Äpfel (suchen Sie die säuerlichen und saftigen hierfür aus)

- Salz

- Pfeffer

- Salzgurken

- Olivenöl

- Heringsfilets

- Feingehackte Petersilie

- Toastscheiben

Zubereitung

Äpfel schälen, entkernen und klein raspeln. Die Masse sofort mit etwas Salz belegen, damit der Apfel nicht oxidiert. Abgießen und mit dem Pfeffer und der Petersilie mischen. Salzgurken in Scheiben schneiden und die Heringsfilets in kleine Rauten schneiden.

Toastscheiben in Rauten schneiden, toasten und mit Olivenöl bestreichen. Die Apfelmasse darüberlegen. Nicht zu viel, jedoch genug, um die weiteren Zutaten zu halten. Mit Heringsfilets und Salzgurkenscheiben drapieren. Auf einem schönen Brett anrichten.

Hefe löst sich besser mit Milch und etwas Zucker auf.

Party-Balance

Nicht zu fett, nicht zu leicht. Von allem ein Bisschen, der perfekte Zauber für schöne Momente.

Zutaten

- Salz
- Pfeffer
- Nelkenpulver
- Currypulver
- Margarine
- Olivenöl
- Gurkenscheiben
- 1 Dose Mais
- Putenbrust, in schönen runden Scheiben

- Oregano
- Mini-Toasts

Zubereitung

Mais mit Zwiebel und Olivenöl im Mixer zu einer Paste verarbeiten. Mit einer Gabel die Margarine daruntermischen. Die Putenbrust in einer Bratpfanne mit Nelken und Curry anbraten. Maisunterlage auf die Mini-Toasts legen, dann darauf Gurkenscheiben. Putenscheiben darauf platzieren und mit Oregano belegen.

Je nach Qualität des Mehls benötigt man mehr oder weniger als die in den Rezepten angegebene Menge. Es empfiehlt sich daher, drei Löffel ganz am Ende unterzumischen, und dabei können Sie beurteilen, ob der Teig die richtige Konsistenz erreicht hat.

Prinzessin auf den Erbsen

Märchen sind immer schön, voller Phantasien und haben ein fröhliches Ende.

Zutaten

- Eine Dose Erbsen
- Salz
- Pfeffer
- Lauch, klein geschnitten
- Olivenöl
- Johannisbeeren zum Verzieren
- Basilikumblätter

- Toastscheiben

Zubereitung

Erbsen zu einer Paste verarbeiten. Salz und Pfeffer zum Abschmecken. Lauch anbraten und mit der Erbsenmasse zusammen verarbeiten. Toastscheiben mit Öl bestreichen. Erbsenmasse darauflegen und mit einer Johannisbeere und einem Blatt Basilikum verzieren. Presto!

Oregano oder andere trockene Kräuter schmecken besser, wenn sie ihr Aroma mit Wasser, Dampf oder Öl entfalten. Trocken schmecken sie nur, wenn das Blatt bricht. Dabei werden die Aromaöle frei.

Zucchini-Feta-Muffins

Zutaten

- 300 g Zucchini
- 6 Champignons, frische Pilze
- Zwiebel klein
- Eier
- 100 g Feta-Käse
- 250 g Mehl 550
- 1 Esslöffel Olivenöl
- 2 Teelöffel Backpulver
- Salz
- Schwarzer Pfeffer
- Öl oder Butter zum Einfetten

Zubereitung

Arbeitszeit: ca. 20 Min.

- Die Zucchini mit Schale raspeln.

- Feta klein zerbröseln.

- Feta, Zucchini und die Eier gut verrühren.

- Das Mehl und Backpulver unterrühren. Falls das Gemüse zu viel Wasser enthält, bis 100 g mehr Mehl dazu tun.

In gefetteten Muffinformen (ich benutze Cupcake-Formen, weil sie etwas größer sind) im vorgeheizten Backofen bei 190° C 30 Min. lang backen. 3 Min. vor Ende dekorieren.

Sofort aus der Form stürzen und heiß servieren.

Süßes

Ameisenkuchen mit Banane

Zutaten

- 250 g 405er Mehl

- 120 g Margarine

- 3 reife Bananen (mit einer Gabel zerdrückt)

- 2 Teelöffel Backpulver

- 100 g feiner Zucker

- 1 Päckchen Vanillezucker

- 1 Prise Salz

- 2 Eier

- 1 Prise Nelkenpulver

- 80 g Schokodekor
- Etwas Muskat
- Etwas Zimt

Zubereitung

- Eier, Zucker, Vanille zusammen in der Küchenmaschine rühren.
- Margarine bei Zimmertemperatur dazumischen.
- Mehl und Banane abwechselnd dazumischen.
- Gewürze und Backpulver dazu.
- Mindestens 8 Min. auf höchster Stufe gut rühren (eventuell etwas mehr Mehl, falls die Mischung zu flüssig ist).
- Zum Schluss Schokodekor mit der Hand beimischen.
- Ofen auf 175° C erhitzen.
- 35 Minuten lang backen.

Ich serviere den Kuchen meistens zum Tee.

Apfelschnecken

Zutaten

Füllung

- 100 g brauner Zucker (wird in zwei Portionen je 50 g benutzt)
- 3 geschälte und klein gewürfelte Äpfel
- 1 Prise Salz
- 1 Prise Muskat
- ½ Teelöffel Zimt
- 1 Prise Nelkenpulver

- 3 Esslöffel Rum (54 % oder 1 Esslöffel Stroh Rum)
- 100 g Rosinen
- 40 g Maisstärke (oder Kartoffelstärke)
- 50 g Wasser

Knetteig

- 450 g 550er Mehl
- 100 g Margarine
- 1 Päckchen Hefe trocken
- 100 g feiner Zucker
- 1 Päckchen Vanillezucker
- 1 Prise Salz
- 100 ml Milch
- 150 ml Wasser
- 1 Ei
- 60 g Zucker
- 1 Prise Salz

Zuckerguss

- 130 g Puderzucker
- 1 Esslöffel Limettensaft
- 1 Esslöffel Wasser

Zubereitung

- Knetteig: Zutaten 12 Min. lang gründlich kneten. Er wird breiig aussehen.
- 60 Min. in einem windgeschützten Bereich aufgehen lassen.
- Apfelstücke für 15 Min. dünsten.

- Nach den Dünsten das Ergebnis in ein Sieb füllen. Die Apfelstücke müssen vor der weiteren Nutzung gut abgetropft sein.
- Teig aufrollen mit etwa 0,5 cm Dicke.
- Gedünstete Äpfel mit Rosinen über den Teig verteilen.
- Teig rollen und in dicke Scheiben schneiden.
- 15 Min. abgedeckt liegen lassen und dabei den Ofen auf 175° C aufwärmen lassen.
- Backen für 25 Minuten.
- Aus dem Ofen nehmen und 15 Min. kühlen lassen.
- Zuckerguss darüberstreuen.
- 45 Min. ruhen lassen.

Aurora Muffin

Zutaten

- 100 g Margarine (Raumtemperatur)
- 230 g Mehl 405
- 120 g Zucker (Backzucker am besten)
- Vanille-Essenz (oder Vanilleschoten)
- 180 ml Milch
- 1 Päckchen Vanillezucker
- 1 Gläschen Rumaroma
- 24 Himbeeren (zwei je Muffin)
- 2 Eier
- 1 Teelöffel Backpulver

Zubereitung

- Margarine und Zucker cremig schlagen.
- Vanillezucker dazugeben und weiter verrühren.
- Eier nach und nach mit der Mischung verrühren.
- Das Mehl mit dem Backpulver mischen und einen kleinen Teil dazugeben.
- Im Anschluss einen Teil Milch dazu.
- Den Rest Milch und Mehl weiter im Wechsel unterrühren.
- Teig mit Himbeeren in die Förmchen füllen. Himbeeren möglichst in der Mitte platzieren.
- Bei vorgewärmtem Ofen 25 bis 30 Min. bei 180° C backen.

Bananen-Muffin mit weißem Schoko-Topping

Zutaten

- 125 g Margarine (Raumtemperatur)
- 200 g Mehl 405
- 125 g Zucker (am besten Backzucker)
- 1 Banane
- 2 Esslöffel Kartoffelstärke (oder Maisstärke)
- 150 ml Milch
- 1 Päckchen Vanillezucker
- 1 Päckchen Orangenextrakt
- 2 Eier
- 2 Teelöffel Backpulver
- 1 Prise Salz

Zubereitung

- Bananen klein schneiden und beiseitelegen.
- Margarine und Zucker in die Küchenmaschine geben und langsam rühren.
- Eier dazugeben und die Geschwindigkeit erhöhen.
- Mehl, Kartoffelstärke, Salz und Backpulver mit Milch abwechselnd mischen.
- Mindestens 8 Min. schlagen, bis der Teig ganz gleichmäßig wird.
- Muffinformen bis zur Hälfte mit Teig füllen.
- Bananenstückchen (ca. 6 pro Muffin) hineingeben.
- Restlichen Teig gleichmäßig verteilen.
- Ofen auf 175° C erhitzen und 30 Min. backen.
- Testen Sie mit einem Zahnstocher und eventuell lassen Sie noch 5 Min. backen.

Bananen-Nuss-Kuchen

Zutaten

- 400 g Mehl 405
- 200 g brauner Zucker
- 3 reife Bananen
- 150 g gehackte Nüsse
- 150 g Kartoffelstärke (oder Maisstärke)
- 150 ml Milch
- 3 Eier
- 1 Päckchen Backpulver
- 1 Prise Salz

Zubereitung

- Bananen zerdrücken und beiseitelegen.
- Mehl, Kartoffelstärke, Salz und Backpulver mischen.
- Eier zusammen mit Zucker schlagen.
- Bananen und Nüsse dazugeben und dann abwechselnd Mehlgemisch und Milch dazugeben und mindestens 5 Min. schlagen lassen (besser 8 Minuten).
- Ofen auf 175° C erhitzen. 45 Min. backen.
- Testen Sie mit einem Zahnstocher und lassen Sie den Kuchen noch 5 Min. backen.

Mandel-Cupcake

Ein delikates Detail auf Ihrem Tisch, das viel mehr sagt als tausend Worte.

Zutaten

- 2 Tassen Zucker
- 6 Löffel Butter
- 6 Eier
- 3 Esslöffel gemahlene Mandeln
- 1 Glas Mehl 450
- 1 Tütchen Backpulver
- 1 geraspelte Limonenschale

Zubereitung

Butter und Zucker zusammen schlagen. Trennen Sie Eiweiß und Eigelb. Schlagen Sie das Eiweiß zu Schnee und stellen Sie es beiseite. Mischen Sie das Eigelb mit der Butter-Zucker-Mischung und nach und nach geben Sie

Mehl und gemahlene Mandeln in die Masse hinein. Fügen Sie das Backpulver zum Schluss und mit der Hand zu und heben Sie das Eiweiß unter.

Verteilen Sie den Teig in 12 Förmchen und backen Sie sie 20 Minuten lang.

Muffin Emilia

Zutaten

- 100 g Margarine (Raumtemperatur)
- 250 g Mehl 405
- 130 g Zucker (am besten Backzucker)
- Vanille-Essenz (oder Vanilleschoten)
- 180 ml Milch
- 1 Päckchen Vanillezucker
- 1 Gläschen Vanille-Aroma
- Brombeeren (zwei je Muffin)
- 2 Eier
- 1 Teelöffel Backpulver

Zubereitung

- Margarine und Zucker cremig schlagen.
- Vanillezucker dazugeben und weiter verrühren.
- Eier nach und nach mit der Mischung verrühren.
- Das Mehl mit dem Backpulver mischen und einen kleinen Teil dazugeben.
- Im Anschluss kommt ein Teil Milch dazu.
- Den Rest Milch und Mehl weiter im Wechsel unterrühren.

- Teig mit Früchtestückchen in die Förmchen füllen. Früchte möglichst in der Mitte platzieren.
- Bei vorgewärmten Ofen 25 Min. bei 175° C backen.

Essener Apfelkuchen à la Paul

Zutaten

- 300 g brauner Zucker
- 1 Päckchen Vanillezucker
- 1 Prise Salz
- 1 Prise Muskat
- 200 g Margarine
- 3 Eier
- 300 g Mehl 405
- 2 Teelöffel Zimt
- 1 Päckchen Backpulver
- 600 g geschälte und klein geschnittene Äpfel

Optional

- 200 g gehackte Nüsse
  oder
- 150 g Rosinen in Rum

Zubereitung

- Braunen Zucker, Vanillezucker, Salz, Muskat, Backpulver und Zimt miteinander mischen.
- Margarine in Raumtemperatur mit Eiern in die Rührschüssel geben und langsam schlagen.
- Eier mit Zucker zusammen schlagen. Zuckergemisch langsam dazugeben und das Rührgerät eine Stufe

höher schalten. Mehl dazugeben und mindestens 4 Min. schlagen.

- Apfelstücke und optionale Zutaten zur geschlagenen Masse geben, aber jetzt mit der Hand mischen.
- Ofen auf 175° C erhitzen.
- 45 Min. backen.

Testen Sie mit einem Zahnstocher und backen Sie eventuell noch 5 Min. länger.

Gedeckte Apfeltorte

Zutaten

Füllung

- 100 g brauner Zucker (wird in zwei Portionen je 50 g benutzt)
- 1,5 kg geschälte (und geraspelte oder klein geschnittene) Äpfel
- 1 Prise Salz
- 1 Prise Muskat
- ½ Teelöffel Zimt
- 1 Prise Nelkenpulver
- 3 Esslöffel Rum (54 % oder 1 Esslöffel Stroh Rum)
- 100 g Rosinen
- 40 g Maisstärke (oder Kartoffelstärke)
- 50 g Wasser

Knetteig

- 350 g Mehl 405
- 150 g Margarine
- 2 Teelöffel Backpulver

- 100 g feiner Zucker
- 1 Päckchen Vanillezucker
- 1 Prise Salz
- 1 Ei
- 1 Eiweiß (Dotter bitte trennen, um die Torte zu bestreichen)

Zubereitung

- 50 g braunen Zucker, Vanillezucker, Salz, Nelkenpulver und Zimt miteinander mischen.
- Apfelstücke und optionale Zutaten miteinander mischen und 1 Stunde wirken lassen.
- Das Ganze mit etwas Wasser zum Schmoren in einen Kochtopf geben und für ca. 1 Stunde auf kleiner Flamme schmoren lassen.
- Parallel zum Kochen der Äpfel wird am Teig gearbeitet. Margarine bei Raumtemperatur mit Eiern in die Rührschüssel geben und langsam kneten.
- Wenn der Teig glatt ist, dann in Frischhaltefolie packen und für eine Stunde im Kühlschrank lassen.
- Fertig geschmorte Apfelstücke vom Herd nehmen. Maisstärke mit Wasser und dem restlichen braunen Zucker mischen und in den Topf geben und sehr gut mischen.
- Dass Ganze muss mindestens eine Stunde liegen, bevor es weiterverarbeitet werden kann.
- Teig vom Kühlschrank nehmen. ⅔ des Teigs in einer 26-cm-Springform glatt verteilen.
- Form wieder für 15 Min. in den Kühlschrank legen.
- Ofen auf 175° C erhitzen.

- Teig für 13 Min. backen.
- Aus dem Ofen nehmen und 15 Min. abkühlen lassen.
- Füllung dazugeben.
- ⅓ des Teigs ausrollen und über die Torte geben.
- Eidotter mit etwas Wasser und Zucker mischen und die Torte bestreichen.
- 45 Min. backen.

Ich serviere den Apfelkuchen meistens mit etwas Vanillesauce.

Ingwer-Apfel-Kuchen

Am Abend sollte man nicht zu schwer speisen. Damit keiner im Sofa einschläft und der Zauber des Abends in einer Verdauungstrunkorgie endet, sind leichte Kuchen ein guter Tipp!

Zutaten

- 3/4 Tasse Sojamilch
- ½ Tasse Sonnenblumenöl
- 1 großes Ei
- 2 Tassen Mehl 405
- ½ Tasse Zucker
- 1 Löffel Salz
- 2 Tassen gewürfelte Äpfel
- Etwas Ingwer und Zimt
- 1 Tütchen Backpulver

Zubereitung

Sojamilch, Sonnenblumenöl, das Ei, Mehl, Zucker und Salz zusammenrühren. Ingwer und Zimt mit dem Backpulver hinzugeben. Apfelwürfel dazu mischen. Geben Sie die Masse in eine kleine Backform und lassen Sie sie 20 Min. backen. Testen Sie mit dem Zahnstocher, ob der Kuchen trocken genug ist, und lassen Sie ihn eine Stunde liegen.

Dann Freunde einladen und genießen!

Kalifornischer Frühstückskuchen

Der Morgen verlangt nach Speisen, die mehr Energie liefern und sie dürfen sogar etwas schwerer sein.

Zutaten

- 2 ½ Gläser Mehl 405
- 1 Glas Zucker
- 3/4 Glas Milch
- 2 Esslöffel Margarine
- 4 Eier getrennt
- Geraspelte Zitronenschale
- 1 Tütchen Vanillezucker
- 1 Prise Salz
- 1 Tütchen Backpulver

Zubereitung

Eiweiß mit Salz und etwas Wasser zu steifem Schnee schlagen. Eigelb, Öl, das restliche Wasser, Zucker und Vanillezucker glattrühren. Mehl und Backpulver hinzufügen. Vorsichtig beide Massen zusammenrühren und in eine Form geben. Im vorgewärmten Ofen (180° C) 45 Min. backen. Eine Stunde kalt werden lassen und mit braunem Rum bepinseln. Testen Sie mit dem Zahnstocher nach 45 Minuten. Manche Öfen sind stärker als andere. Der Zahnstocher muss trocken herauskommen.

Mini-Gugelhupfe

Zutaten

Teig

- 120 g Margarine
- 250 g Mehl 450
- 3 Eier
- 1 Prise Salz
- Orangenschale (geraspelt), von einer unbehandelten Orange
- 150 g Backzucker (oder feiner Zucker als Ersatz)
- 1 Päckchen Vanillezucker

Glasur

- 4 Esslöffel Wasser
- 1 Esslöffel Zitronensaft
- 250 g Puderzucker

Zubereitung

Teig

- Die Mini-Gugelhupf Form leicht mit Margarine bestreichen und etwas Mehl darüber streuen.
- Margarine, Zucker, Vanillezucker und Salz gut rühren.
- Geriebene Orangenschalen dazugeben.
- Die Eier einzeln unterrühren.
- Mehl und Backpulver mischen, langsam dazugeben und mindestens 8 Min. rühren.

- Teig in die Formen füllen.
- Im vorgeheizten Backofen 15–20 Min. bei 175° C backen.

Dekor

- Puderzucker, Wasser und Zitronensaft mischen.
- Über den Gugelhupf gießen und mit Streudekor dekorieren.

Rosa Marshmallows

Zutaten

- 400 g Zucker
- 150 ml Wasser
- 3 Päckchen weiße Gelatine als Pulver (achten Sie darauf, dass es gute, starke Gelatine ist)
- 15 Esslöffel lauwarmes Wasser (um die Gelatine aufzulösen)
- 10 Tropfen Rosenessenz
- Etwas rote Lebensmittelfarbe
- 1 Tütchen Vanillezucker
- Öl oder Butter zum Einfetten
- 4 Esslöffel Kartoffelstärke
- 4 Esslöffel Puderzucker

Zubereitung
Arbeitszeit: ca. 3 Stunden

- Gelatine mit dem lauwarmen Wasser in die Rührschüssel geben.
- 10 Min. warten.

- Restliches Wasser in einen kleinen Kochtopf geben.

- Zucker dazugeben und blubbernd mindestens eine Minute kochen.

- 10 Min. warten, bis der Sirup etwas abkühlt. Ich lege den Kochtopf zum Abkühlen in eine Wanne mit Wasser.

- Küchenmaschine mit dem Schneeschläger starten und dann langsam den Sirup dazugeben.

- Mindestens 12 Min. auf höchster Stufe schlagen.

- Vanille und Rosenessenz dazugeben und mit der roten Lebensmittelfarbe abschließen.

Diese Arbeitsschritte bitte gut befolgen:

- Backblech (das in den Kühlschrank passt) sorgfältig mit Backpapier auslegen.

- Backpapier mit Öl einfetten.

- Den Schaum auf das Papier geben und gut verteilen.

- Mindestens zwei Stunden im Kühlschrank lassen.

- Puderzucker und Kartoffelstärke mischen und die kleinen ausgeschnittenen Würfel mit dieser Pulvermischung pudern.

Ich packe die Marshmallows meistens zum Verschenken in Tüten oder in ein großes Glas für den Küchentisch.

Die Zutaten sind das Wichtigste.
Schlechte Gelatine wird bei
Raumtemperatur schmelzen!

Schock-Muffin

Zutaten

- 125 g Margarine (Raumtemperatur)
- 125 g Zucker (Backzucker am besten)
- Orangenessenz (oder unbehandelte Orangenschalen, geraspelt)
- 200 g Mehl 405
- 150 ml Milch
- 2 Esslöffel (gut gehäuft oder 3 Esslöffel) Schokoladenpulver (bitte keine Trinkschoko benutzen)
- 1 Päckchen Vanillezucker
- 2 Eier
- 1 Teelöffel Backpulver
- Schokodrops (ich lege 8 Schokodrops auf jedes Muffin)

Glasur

- Weiße Schokoglasur
- Zuckerdekor

Zubereitung

- Damit die Arbeit von der Zeit her gut gelingt, soll die Glasur zuerst gemacht werden. Die weiße Schokoglasur braucht lange, um wieder abzukühlen.
- Schokoglasur zerbröseln und in eine Terrine oder Müslischüssel geben.
- Die Glasur im Wasserbad schmelzen und zum Kühlen an die Seite stellen.

- Die Zutaten der angegebenen Reihe nach mischen und mindestens 12 Min. schlagen lassen. Anfangs bei kleiner Stufe und dann bis zur höchsten Stufe steigern. Auf der höchsten Stufe werden statt der 12 Min. nur 8 Min. geschlagen.

- Machen Sie den Ofen an und heizen Sie auf 200° C.

- Geben Sie die Massen in 12 Papierförmchen für Muffins und geben Sie die Schokodrops dazu.

- Reduzieren Sie die Ofentemperatur auf 175° C und schieben Sie das Backbrett mit den 12 Muffins für 25 Min. in den Ofen.

- Nach dem Backen sollen die Muffins mindestens eine Stunde ruhen.

- Mit der Glasur dekorieren und auf einem Backtablett servieren.

Ich serviere die Muffins am Nachmittag meistens mit Tee.

Schokokekse nach Oma Erna

Zutaten

- 1 ¼ Tasse Zucker (270 g)
- 3 Tassen Mehl 405 (600 g)
- 1 Tasse Margarine (200 g)
- 1 Päckchen Vanillezucker
- 5 Tropfen Orangenöl
- 3 Teelöffel Kakaopulver
- 1 Teelöffel Backpulver
- 3 Eier

Zubereitung

- Einfach alles gut kneten.
- 1 Stunde im Kühlschrank ruhen lassen.
- Kneten, formen und für 10 Min. bei 170° C im Ofen backen.

Sequilhos

Zutaten

- 500 g Maismehl (sehr fein gemahlenes Maismehl, in Brasilien heißt es Fuba Mimoso)
- 200 g Zucker
- 200 g Margarine (Raumtemperatur)
- 2 Eier
- 1 Prise Salz
- Orangenschale gerieben (oder Orangenöl)

Zubereitung

- Alles gleichmäßig mischen und mindestens 12 Min. kneten. Maismehl kleistert nicht wie Weizen und muss daher gut gemischt werden. Falls zu trocken, geben Sie etwas Wasser hinzu.
- Bei 180° C 10 Min. leicht goldbraun backen, dann weitere 10 bis 15 Min. bei 160° C backen.
- Vor dem Servieren mindestens eine Stunde abkühlen lassen.

Teekuchen

Tee anstatt Wasser verleiht Ihrem Kuchen mehr Originalität, aber Vorsicht mit Kräutertees, weil diese zum

Teil sehr geschmacksintensiv sind und gebacken anders riechen können, darum lieber schwarzen Tee benutzen!

Zutaten

- 2 ½ Gläser Mehl 405
- 1 Glas Zucker
- 3/4 Glas schwarzer Tee
- ½ Glas Sonnenblumenöl
- 4 Eier getrennt
- Geraspelte Zitronenschale
- 1 Prise Zimt
- 1 Prise Salz
- 1 Tütchen Backpulver

Zubereitung

Eiweiß mit Salz und etwas Wasser zu steifem Schnee schlagen. Eigelb, Öl, restliches Wasser, Zucker, Zitronenschale und Joghurt glattrühren. Mehl und Backpulver hinzufügen. Vorsichtig beide Massen zusammenrühren und in eine Form geben. Im vorgewärmten Ofen (180° C) 1 Stunde und 15 Min. backen. Eine Stunde kalt werden lassen und mit braunem Rum bepinseln.

Valentine Cookies

Zutaten

Teig

- 200 g brauner Zucker
- 150 g Margarine
- 250 g Mehl 405

- 1 Teelöffel Zimt
- 1 Prise Nelkenpulver, Kardamom
- 1 Teelöffel Backpulver
- 1 Ei
- 1 Prise Salz
- 100 g Mandel (gehackt)

Glasur

- 200 g Puderzucker
- Rote und gelbe Lebensmittelfarbe
- 1 Spritzer Zitronensaft
- 2 Esslöffel Wasser

Zubereitung

Teig

- Alle Zutaten in ein Rührgerät geben und langsam rühren.
- Mehl und Backpulver mischen, langsam dazugeben und mindestens 8 Min. rühren.
- Teig ausrollen und Herzen ausstechen.
- Im vorgeheizten Backofen 15–20 Min. bei 175° C backen.

Dekor

- Puderzucker, Wasser und Zitronensaft mischen.
- Auf den Cookies mit einem Spritzbeutel zeichnen und dekorieren.

Vanille-Muffin

Zutaten

- 125 g Margarine (Raumtemperatur)
- 200 g Mehl 405
- 125 g Zucker (am besten Backzucker)
- Vanille-Essenz (oder Vanilleschoten)
- 150 ml Milch
- 1 Päckchen Vanillezucker
- 2 Eier
- 1 Teelöffel Backpulver

Zubereitung

- Margarine und Zucker cremig schlagen.
- Vanillezucker dazugeben und weiter verrühren.
- Eier nach und nach mit der Mischung verrühren.
- Das Mehl mit dem Backpulver mischen und einen kleinen Teil dazugeben.
- Im Anschluss einen Teil Milch hinzugeben.
- Den Rest Milch und Mehl weiter im Wechsel unterrühren.
- Bei vorgewärmtem Ofen 25 bis 30 Min. bei 180° C backen.

Zitronenkuchen

Kuchenteig muss immer lang gerührt werden. Mindestens 8 Minuten, damit das Mehl sich in die Flüssigkeit auflöst. Darum sollten Sie beachten, dass die

Qualität der Kuchen immer mit der Vorbereitung zusammenhängt.

Schnelle Kuchen gibt es wirklich nicht, aber leicht sowohl zum Essen als auch zum Backen bestimmt.

Zutaten

- 2 Gläser Mehl 405
- 1 Glas Zucker
- 3/4 Glas Wasser
- ½ Glas Sonnenblumenöl
- 5 Eier getrennt
- 1 Esslöffel Joghurt
- Geraspelte Zitronenschale
- 1 Prise Salz
- 1 Tütchen Backpulver

Zubereitung

Eiweiß mit Salz und etwas Wasser zu steifem Schnee schlagen. Eigelb, Öl, restliches Wasser, Zucker, Zitronenschale und Joghurt glattrühren. Mehl und Backpulver hinzufügen. Vorsichtig beide Massen zusammenrühren und in eine Form geben. Im vorgewärmten Ofen (180°C) 1 Stunde und 15 Min. backen. Eine Stunde kalt werden lassen und mit Cointreau bepinseln.

Frosting

Die perfekte Ergänzung für Muffins und Cupcakes.

Aurora Frosting

Zutaten

- 150 g Quark 20 % Fett
- 100 g Frischkäse (wie zum Beispiel Philadelphia)
- 2 Teelöffel Sofortgelatine
- 1 Teelöffel Rosenwasser
- Rote Lebensmittelfarbe
- 1 Esslöffel Honig
- 3 Esslöffel Puderzucker

Zubereitung

- Quark, Frischkäse mit Puderzucker mit dem Schnee-besen schlagen.
- Honig dazugeben.
- Danach Lebensmittelfarbe und das Rosenwasser hinzugeben.
- Alles gründlich rühren.
- Schneebesen bis zum Grund benutzen und die Sofortgelatine mit einem Löffel oder Silikonspachtel mischen. Gut mischen!

Himmel Frosting

Zutaten

- 200 ml Sahne
- 250 g Quark 20 % Fett
- 2 Teelöffel Sofortgelatine
- 2 Esslöffel Puderzucker
- 1 Päckchen Vanillezucker

- Blaue Lebensmittelfarbe
- Zuckersterne

Zubereitung

- Sahne und Vanillezucker steif schlagen.
- Quark und Puderzucker dazugeben.
- Lebensmittelfarbe gründlich mischen.
- Rührgerät ausschalten und die Sofortgelatine mit einem Löffel oder Silikonspachtel mischen. Gut mischen!
- Creme in einen Spritzbeutel füllen und viel Spaß!

Rosa Wölkchen Frosting

Zutaten

- 250 g Quark 20 % Fett
- 2 Teelöffel Sofortgelatine
- 1 Päckchen Vanillezucker
- Rote Lebensmittelfarbe
- 1 Esslöffel Rosenwasser
- 3 Esslöffel Puderzucker

Zubereitung

- Quark mit Puderzucker schlagen.
- Vanillezucker dazugeben.
- Lebensmittelfarbe und das Rosenwasser hinzufügen.
- Alles gründlich rühren.
- Rührgerät ausschalten und die Sofortgelatine mit einem Löffel oder Silikonspachtel mischen. Gut mischen!

Weißes Schoko-Topping

Zutaten

- 250 g Quark 20 % Fett
- Tafel weiße Schokolade (mindestens 100 g)
- 2 Esslöffel Sofortgelatine
- Gelbe Lebensmittelfarbe
- 3 Esslöffel Puderzucker
- 1 Prise Salz

Zubereitung

- Quark abtropfen.
- Weiße Schokolade in warmem Wasserbad schmelzen.
- Schokolade mit Quark mischen und die weiteren Zutaten nach und nach dazugeben, bis die Masse gleichmäßig wird.
- Mischung 15 Min. ruhen lassen.
- Nach Wunsch Kuchen, Muffins oder Cupcakes dekorieren.

Drinks

Caipirinha

Caipirinha bedeutet „Süßes Landmädchen" oder auch „Süßes Bauernmädchen" und ist mit Bedacht zu genießen, sonst wird es manch einem schwindelig werden ...

Zutaten

- Limonen

- Zwei Esslöffel Zucker (weiß, nicht braun, denn brauner Zucker war in Brasilien nicht üblich)
- Cachaça (brasilianischer Rum aus Zuckerrohr)
- Gehacktes Eis

Zubereitung

Der Zucker in Brasilien ist süßer als in Europa. Das liegt am Zuckerrohr, das auch zur Alkoholproduktion eingesetzt wird. Zwei Löffel Rübenzucker reichen eigentlich, aber Zuckermäuler dürfen drei Löffel nutzen. Die Limone in acht Teile schneiden. Vier Teile reichen für ein Glas. Zerdrücken Sie die Limone mit dem Stampfer. Füllen Sie das Glas bis zum Rand mit gehacktem Eis. Danach füllen Sie das Glas mit Cachaça (das wird Kaschassa ausgesprochen).

Kalorienreiche Drinks steigen sehr schnell zu Kopf, daher servieren Sie Säfte und Erfrischungen dazwischen, um schlimmere Folgen zu vermeiden!

Frische Helene

Alkoholfreie Getränke dürfen den Magen nicht zu stark belasten und auch nicht zu schwer im Geschmack sein. Mit dieser Mischung habe ich bereits einige Partys gefeiert und andere Alkoholabstinenzler (wie ich es bin) begeistert.

Zutaten

- 1 Liter Apfelsaft
- 2 Gläser Kamille und Pfefferminztee
- Brauner Zucker

- Zimt
- Rosmarin
- Zimt in Stücke

Zubereitung

Warmwasser mit einem Teebeutel Zimt, einem Teebeutel Kamille, Rosmarinzweig und Zimtstange mindestens 10 Min. ziehen lassen. Apfelsaft und braunen Zucker beimischen und vor dem Servieren kühlen.

In Teeläden findet man lose
Teebeutel. In solche kann man Zimt in
Stück (nicht Pulver) oder andere
Kräuter befüllen und für solche
Vorbereitungen benutzen.

Hafenwind

Die besten Drinks kamen von der deutschen Seite meiner Familie. In Bayern wurden diese noch verfeinert und hier ist eines der Ergebnisse.

Zutaten

- 2 Tassen Grüntee
- 2 Tassen Clementinensaft (kann durch Orangensaft ersetzt werden)
- Honig
- Angostura
- 12 cl Steinhäger (oder Korn)
- Limonenscheiben

Zubereitung

Grünen Tee mit Honig süßen. Saft der Clementinen hinzufügen. Dann Steinhäger, Angostura dazu. In einer Punschschüssel mit Eis füllen und mit Zitronen verzieren.

Parfait Amour

Eine ungewöhnliche Kombination, die perfekt harmoniert. Die Zubereitung dauert zwar eine gewisse Zeit, aber wenn man zu zweit ist, bietet das bestimmt eine gute Gelegenheit zum Smalltalk.

Zutaten

- Lavendelzweig
- Minzezweige
- 4 Tassen Apfelsaft
- 12 cl Gin
- 4 cl brauner Rum
- Feldblumen (zum Verzieren)

Zubereitung

Apfelsaft erwärmen. Lavendel und Minze sieden lassen.

Gin, Rum in einer gleichen Menge mit Eis kühlen. Mit mehr Eis belegen und Blumen darüber streuen. Wenn Sie unsicher sind, welche Blumen bekömmlich sind, dann nehmen Sie Plastikblumen.

Rosa Wolke

Meine Oma Erna war bei Getränken sehr erfinderisch (zum Leidwesen meiner streng katholischen Oma Cinira, aber geschmeckt haben meine Drinks beiden).

Zutaten

- 1 Dose Kondensmilch ("Milchmädchen" von Nestle ist die einzige, die ich als gut bewerte und empfehle)
- 1 Dose Kokosmilch (auffindbar in Asia-Shops)
- Blanchierte Erdbeeren (siehe Kasten unten)
- Grenadine
- 8 cl Wodka
- Erdbeerstücke (zum Verzieren)

Zubereitung

Zum Mixen sollten Erdbeeren drei Minuten blanchiert sein, damit die Milch nicht unter der Säure leidet (und anschließend der Magen). Schnell alles in den Mixer, dazu die gleiche Menge Eis (nicht die Erdbeerstücke). Mixen und servieren. Dekorieren Sie mit den Erdbeerstücken.

Drinks wirken besser, wenn die Präsentation ebenfalls gelingt. Daher halten Sie passend zu Ihrem Getränkeangebot eine entsprechende Menge an Cocktailservietten bereit. Motive sollten nach Saison ausgesucht werden oder nach den Grundfarben, die Sie das ganze Jahr einsetzen können.

Tante Elfriedes Tee

In den Sommertagen kann man einige Alternativen zum Erfrischen anbieten, die Ihre persönliche Note unterstreichen.

Zutaten

- 1 Liter Assam Tee
- Saft einer halben Zitrone (oder Limone)
- 12 cl brauner Rum
- Zucker
- Apfelscheiben
- Vanille

Zubereitung

Die Vanille in heißen Tee tauchen und kühlen lassen. Zitrone, Rum und Zucker beifügen und anschließend im Kühlschrank lagern. Beim Servieren legen Sie eine Scheibe Apfel ins Glas.

Limonen und Zitronen sind ähnlich, jedoch schmecken Limonen intensiver, daher nur die halbe Menge benützen, sonst schmecken die Drinks zu sauer oder zu bitter.

Zabaione

Alkoholfreie Getränke dürfen den Magen nicht zu stark belasten und auch nicht zu schwer im Geschmack sein. Mit dieser Mischung habe ich bereits einige Partys gefeiert und andere Alkoholabstinenzler (wie ich es bin) begeistert.

Zutaten

- 1 Liter Apfelsaft
- 2 Gläser Kamille und Pfefferminztee
- Brauner Zucker

- Zimt

- Rosmarin

Zubereitung

Warmwasser mit einem Teebeutel Zimt, einem Teebeutel Kamille, einem Rosmarinzweig und einer Zimtstange mindestens 10 Min. ziehen lassen. Apfelsaft und braunen Zucker beimischen und vor dem Servieren kühlen.

Alkoholfreie Getränke liegen manchmal etwas schwer im Magen. Daher empfehle ich, nie zu viel Masse, aber dafür mehr Wasser und Fruchtsäfte anzuwenden. Wassermelonen und Äpfel sind bekömmlicher als Orangen und Ananas, weil sie weniger Säure enthalten!

Für das leichte Dinner

Eintopf für einen schönen Abend

Gemüse ringen seit jeher um Beliebtheit. Einige mögen Möhren nicht, andere verschmähen Auberginen. Daher sollte man die Eintöpfe immer mit verschiedenen guten Kräutern interessant machen, damit sich alle an einem gesunden Essen freuen.

Zutaten

- 1 gelbe Paprika

- 1 mittelgroße Zucchini

- 1 Aubergine
- 1 große lila Zwiebel
- 1 Prise Chili
- 1 Prise Ingwerpulver
- Zwei Knoblauchzehen
- Olivenöl
- 1 Pfund Hackfleisch (für Vegetarier Pilze)

Zubereitung

Gemüse putzen und zu Würfeln zerkleinern. Knoblauch und Zwiebel leicht anbraten. Zerkleinertes Gemüse hinzufügen. 20 Min. bei mittlerer Hitze kochen lassen und hin und wieder umrühren. Mit Liebe den Tisch für zwei decken und mit viel Gefühl genießen!

> *Ist der Servierteller für die Nudeln zu flach, werden sie schnell kalt. Daher empfehle ich tiefe Schüsseln und sie sollten vorher angewärmt werden.*

Kartoffelgratin

Zutaten

- 700 g Kartoffeln (ich mag die kochfesten Sorten)
- 200 g Feta-Käse
- 2 Esslöffel Frischkäse
- 100 g Emmentaler (gerieben)
- Margarine (für die Form)
- Semmelbrösel (für die Form)
- Salz
- Schwarzer Pfeffer

- Oregano (trocken)
- Basilikum (trocken)

Zubereitung

- Form mit Margarine bestreichen und Semmelbrösel gleichmäßig verteilen.
- Kartoffeln schälen und in dünne Scheiben schneiden (ca. 0,4 cm).
- Erste Schichten mit Kartoffeln belegen.
- Feta-Käse über den Kartoffeln verteilen.
- Noch eine Schicht Kartoffeln auftragen und danach Kräuter, Salz und Pfeffer.
- Frischkäse oben verteilen und dann den geriebenen Emmentaler.
- Mit Alufolie abdecken und 80 Min. bei 200° C backen.

Salat Mediterran

Zutaten

- 4 große Tomaten, in Viertel geschnitten
- 1 Lila Zwiebel, dünn geschnitten
- 4 Artischockenherzen, Hälften aus der Dose
- 50 ml Wasser
- Knoblauch gepresst
- Basilikum
- 150 g Mozzarella in Scheiben
- Oliven
- Chicoréeblätter

- Salz
- Etwas Zucker
- 5 Esslöffel Olivenöl

Zubereitung
Arbeitszeit: ca. 20 Minuten.

- Artischockenherzen halbieren und zum Abtropfen in ein Sieb legen.
- Knoblauch, Basilikum, Salz, Zucker, Wasser und Öl im Küchenmixer fein pürieren.
- Chicoréeblätter gut waschen und auf einer Salatschüssel in Kreisform dekorieren.
- Tomatenstücke auf dem Chicorée verteilen.
- Zwiebel, Mozzarella, Oliven über die Tomaten verteilen.
- Knoblauch-Basilikum-Sauce über den Salat verteilen.
- Mit einigen Kräutern dekorieren und für 20 Min. im Kühlschrank lassen.
- Mit einigen Scheiben Baguette servieren.

Sie können auch einzelne Teller für die Vorspeise zubereiten. Das sieht schöner aus.

Spaghetti à la Paul

Am Abend sollte man nicht zu schwer speisen. Damit keiner im Sofa einschläft und der Zauber des Abends in einer Verdauungstrunkorgie endet, sind Nudeln ein guter Tipp!

Zutaten
- 500 g Hartweizenspaghetti "Nr. 5"

- 4 Eigelb
- 2 Eiweiß
- 120 g gewürfelter, geräucherter Schinken
- 250 g fein geriebener Parmesan
- Schwarzer Pfeffer, Salz, Meersalz
- 40 g Olivenöl

Zubereitung

Schinken im eigenen Fett braten, Fett abgießen. Eier einige Minuten schlagen und ein wenig Salz, Pfeffer und 80 % des Käses hinzufügen. Spaghetti unter ständigem Rühren 2 Min. (kürzer als angegeben!) in Salzwasser kochen. Spaghetti abgießen, aber ein Glas Salzwasser aufbewahren. Spaghetti in einen großen Tontopf füllen und unter intensivem Rühren erst Öl, dann die Eiermischung und schließlich den Schinken hinzugeben. 5 Min. abwarten und dann servieren.

Nudel kann man auch selbst zu Hause machen. Jedoch Eiernudeln kann man nicht aufbewahren. Hartweizen jedoch hält sogar über ein Jahr gut aufbewahrt.

Tagliatelle oder Fettuccine

Zutaten

- 250 g Fettuccine oder Tagliatelle
- 200 g Steinpilze
- 30 g Sonnenblumenkerne
- 1 Knoblauchzehe
- 1 Teelöffel Salz

- Schwarzer Pfeffer
- Petersilie
- Geriebener Parmesan

Zubereitung

Arbeitszeit: ca. 10 Min.

- Wasser zum Kochen bringen.
- Pilze in kleine Würfel schneiden.
- Knoblauch klein schneiden.
- Klein geschnittenen Knoblauch mit Olivenöl goldbraun frittieren.
- Klein geschnittene Pilze dazugeben.
- Salz in kochendes Wasser geben.
- Nudeln nach Anleitung kochen. Das sollte ca. 6 Min. sein.
- Wasser der Nudeln gut abgießen.
- Petersilie und Pilze dazugeben.
- Gut mischen und geriebenen Parmesan dazumischen.

Sofort servieren und noch etwas geriebenen Parmesan darüber geben und mit einem kleinen frischen Petersilienblatt dekorieren.

Ob Tagliatelle oder Fettuccine, das ist egal. Beide Nudeln sind fast gleich. Fettuccine sind lediglich etwas breiter.

Überbackene Kartoffeln

Mit Reis oder auch für sich alleine sind überbackene Kartoffeln eine passende Beilage für Fisch oder Fleisch.

Das ist kein Abendgericht für Ältere!
Junge Menschen mit guter
Verdauung haben bestimmt weniger
Probleme damit.

Zutaten

- 2 große Kartoffeln pro Person
- 1 Knoblauchzehe
- 1 Lila Zwiebel (pro Person)
- 1 Stückchen Ingwer
- Olivenöl
- Kräutersalz
- Pfeffer
- Paprikapulver

Zubereitung

Das Geheimnis liegt im ständigen Wenden der Kartoffeln während des Backens. Schälen Sie die Kartoffeln. Schneiden Sie große Würfel und legen Sie sie in eine Schüssel. Knoblauchzehe, Zwiebel und Ingwer zusammen pürieren. Salz und Pfeffer hinzufügen und gut mit den Kartoffelstücken mischen.

Backform mit Öl bestreichen und Kartoffeln darin aufteilen. Streuen Sie ein wenig Paprikapulver darüber und backen Sie das Ganze eine Stunde lang bei 200° C.

Gutes Essen verlangt nach viel Bewe-
gung, daher sollten Sie einen kurzen
Spaziergang nach dem Essen
einplanen. Das Sitzen auf dem Sofa
nach den Essen ist nur in Filmen
schön. Wenn man im wahren Leben

*nach dem Essen im Sofa sitzt, wird
man absolut müde!*

Ein letztes Wort!

Um ein komplettes Kochbuch zu schreiben, muss ich noch einige Seiten hinzufügen, aber mein Ziel ist, meinen Lesern einen anderen Blick auf das Leben zu ermöglichen.

Sich wohlfühlen und gut leben sind Zustände, die man auch durch positives Denken und durch eine korrekte Lebenseinstellung erreichen kann.

Mit diesem Werk möchte ich einen Anstoß geben für eine bessere Lebenseinstellung und einen ausgeglichenen Alltag.

Ich hoffe, in dieser Ausgabe haben Sie einige wertvolle Tipps gefunden und mein Stil hat Ihnen meine persönliche Beziehung zur Sprache vermittelt.

Egal, was Sie demnächst vorbereiten, wenden Sie viel Liebe und Zuwendung an und vergessen Sie nicht, Ihre persönliche Note zu entdecken und jedes Mal neu zu erforschen.

Ein besonderer Dank!

An meinem Freund Peter, der alle Rezepte nach den Kochstandards der Deutschen Küche überprüft hat. An meinen Lektor, der meine grammatikalische Kreativität zu bändigen versucht hat, und insbesondere an Bernd, der in den letzten dreißig Jahren jedes Gericht gekostet hat.

Weitere Rezepte und Tipps, finden Sie auf meinem Web-Blog http://www.paul-kochstube.de .

Zu den Bildern (in der Druckausgabe)

In früheren Kollektionen habe ich mich Themen wie Tierkreis des chinesischen Horoskops, das Greco-Romanische Horoskop, Motorradfahrer und ihre Maschinen, Musik und Echo gewidmet. Ich habe verschiedene Techniken angewendet und jetzt entdecke ich die Vielfalt von Kreide und Kohle wieder neu.

Meine ersten Arbeiten in Brasilien datieren von 1978. Seitdem habe ich Ausstellungen in verschiedenen Ländern gehabt und meine Bilder sind ebenfalls weltweit verbreitet. Ich habe eine romantische Linie und meine Bilder sind meistens gegenständlich. Mein künstlerisches Anliegen stellt das Wohlbefinden der Betrachter und die angenehme Raumwirkung in den Vordergrund.

Die in dieser Ausgabe auf Papier präsentierten Kreidearbeiten und Aquarelle sind ebenfalls in hochwertiger Ölfarbe auf grundierter Leinwand umgesetzt worden und bieten einen passenden Akzent im Raum.

Die Bilder wurden zum ersten Mal in München vorgestellt und ich hoffe, der Leser oder die Leserin hat Gelegenheit gehabt, sie mit eigenen Augen zu betrachten und mit mir die Freude an ihren Farben zu teilen.

Weitere Veröffentlichungen des Autors

Deutsche Romane

- Altreia, Drama, 1998
- Geheimnis der verdorrten Rosen, Mystery, 2009 – Reimo Verlag *
- Virtuelle Liebe, Kurzroman, Thriller, 2016 *
- Paloma, Kurzroman, Thriller, 2016 *
- Die Muse, Kurzroman, Erzählung, 2016 *
- Post Mortem Kino, Roman, Drama, 2016 *
- Die Heilerin, Roman, Thriller, 2017 *
- Geheimnis der verdorrten Rosen, Mystery, 2017 (neue Version) *
- Das Zauberspiegel des Eros, Roman, Thriller, 2017 *
- Das Tal, Roman, Thriller, 2017 *
- Jahreszeiten der Sünde, Roman, Thriller, 2018 *

Englische Romane

- Virtual Affairs, 2018 *

Deutsche Hörspiele

- Paloma, 2018

Kunstkataloge

- Geliebter Vater, 1995 *
- The new Artist, 1996 und 1997
- Liebe in Stücken, 2009 *
- Kunstkatalog, 2010
- Liebe in Stücken, Edition II, 2016 *
- Kunstkatalog, 2017 *
- Kunstkatalog, 2018 *

(*) Gelistet in der Deutsche National Bibliothek